安旭

„Ich will nicht nach China!“

hatte ich gesagt …

von

Tobias Engbring

Veröffentlicht von Tobias Engbring
Lektorat: Marius Hanke - https://wortarbeit-hanke.de
Druck: Amazon Media EU

tobias.engbring@hotmail.de
c/o AutorenServices.de
Birkenallee 24
36037 Fulda

ISBN: 979-8-648-80953-6

Für meinen zu früh verstorbenen Vater

– du hast es geschafft.

Prolog

Heute. Köln, Deutschland.

Hoffentlich lassen meine Worte bei euch eine zarte Sympathieknospe sprießen", sage ich zu meinem Publikum gewandt. „So fiele es euch leichter, meine nur allzu menschlichen Fehler und subjektiven Sichtweisen in dieser Geschichte als natürlich zu akzeptieren."

„Tobi, warum redest du so geschwollen?", fragt mein Mitbewohner Peter von der Couch aus.

„Ähm, was?", frage ich überrascht. Ich räuspere mich nervös und zucke mit den Schultern: „Also, das ist doch eine Art Bühne hier", sage ich und zeige auf mein Wohnzimmer. „Hier erzähle ich zum ersten Mal von meiner Geschichte. Für mich ist das ein großes Ding, denn was ich erlebt habe, hat mich aufgewühlt, und ich habe mich dazu entschieden, nichts zu beschönigen."

„Entspann dich", sagt Annika. „Wir sind doch unter uns."

Ich bewerfe sie mit Popcorn und muss grinsen.

„Okay, okay", sage ich. „Aber dann haltet jetzt bitte die Klappe, damit ich meinen kleinen Monolog vollenden kann."

Annika schnappt sich die Popcornschüssel vom Tisch und macht eine auffordernde Geste: „Na dann legen Sie los, Maestro."

Ich verbeuge mich wie vor einem Theaterpublikum und suche wieder nach der richtigen Stelle in meinem Buch.

„Also, Sympathieknospe, … Fehler … Geschichte … Ah, da war ich", murmle ich und fahre dann mit klarer Stimme fort.

„Solche Fehler und weitere Unzulänglichkeiten kommen in dieser Geschichte häufiger vor, denn es ist keine romantische Erzählung voller Wundergestalten. Es ist auch kein Krimi, in dem sich ein skrupelloser Mörder unter uns versteckt hält. Nein, wir müssen heute ohne einen Killer auskommen. Auch wenn mein Geldbeutel gerne einen Krimi geschrieben hätte, denn die lesen die Deutschen noch immer am liebsten. Aber mein Portemonnaie hat hierbei nichts zu sagen: Meine Geschichte kommt von Herzen.

Den Vielreisenden, Bloggern, Influencern, stillen Rucksackgesellen auf Wanderschaft und Anzugträgern auf wirtschaftlicher Mission sei hiermit außerdem eine Warnung mitgegeben: Wenn ihr euch einen Reiseführer oder gar eine China-Anleitung erhofft, spart euch dieses Buch - auch wenn ihr nach dieser Lektüre so einiges gelernt haben werdet. Ich habe hier keine Checkliste für euch, mit der man sich im Land der Mitte besser zurechtfindet. Davon gibt es bereits viel zu viele, ja, schubkarrenweise werden sie in die Buchhandlungen geschoben. Ich selbst habe als Vorbereitung solch ein Buch zu lesen begonnen. Aus Langeweile allerdings niemals die letzte Seite erreicht.

Doch empfehle ich euch: Lasst mich euch eine Geschichte aus dem Leben destilliert in eure Ohren träufeln. Die folgenden Seiten sind gefüllt mit reichhaltigen Erkenntnissen, versteckt im Wortgewand eines Geschichtenerzählers. Verfolgt, wie sich mein eigener Horizont im Land der Morgenröte erhellt. Wandert einen oft steinigen, manchmal sonnigen, aber immer aufregenden Pfad mit mir. Begleitet mich – einen jungen, unbedachten Mann aus Deutschland, der sich plötzlich im fremden, chaotischen China wiederfindet. Es ist keine Reise zu verwestlichten Kulturinseln, wie es sie mittlerweile in Shanghai oder Peking gibt. Hongkong oder Taiwan sind als ehemalige britische Kolonien sogar noch europäischer. Nein, meine Reise führte mich in das hiesig unbekannte, sechs Millionen Einwohner schwere Städtchen Dalian. An der Küste im Nordosten Chinas liegend, war es für mich von dort aus nur noch ein 300-Kilometer-Katzensprung bis zur nordkoreanischen Grenze.”

Ich mache eine kurze Pause und blicke langsam über die Köpfe meiner stillen Zuhörerschaft hinweg. Dann nehme ich das frisch gedruckte Buch in die Hand und setze mich in den alten Sessel meiner Großmutter.

„Ohren auf, denn es gibt alltägliche Zweifel, kulturelle Fettnäpfchen, Frustration und Unglück, Gerüchte und Freundschaft, viel Essen sowie adäquate Mengen an Alkohol. Und Liebe. Natürlich kommt auch Liebe vor. Doch um bis zu diesem Punkt zu gelangen, braucht es noch eine Weile. Denn jede Geschichte sollte dort beginnen, wo sie ihren Ursprung hat: am Anfang.”

Ich schlage das erste Kapitel auf und beginne zu lesen.

Kapitel 1

Der Anfang

Dienstag, 12. November 2013. Münster, Deutschland.

Ich will nicht nach China!", sagte ich energisch zu Bernhard.

Wir saßen im Computerraum unserer Universität. Ein langweiliges Seminar über Forschungsstrategien in der Chemieindustrie trällerte über uns hinweg. Kaum jemand hörte zu und der Dozent ignorierte unsere leisen Nebenaktivitäten. Bernhard las Erlebnisberichte über Auslandssemester in China und ich kommentierte vom billigen Nebenplatz aus.

„Jetzt mal im Ernst, wieso machst du das überhaupt?", sagte ich ehrlich überrascht. „In China gibt es so viel Luftverschmutzung, dass du bestimmt Lungenkrebs davon bekommst. Und diese gewaltigen Menschenmassen erst. Da fühlt man sich doch wie eine asphaltgraue Kugel im grellbunten Bällebad: verloren, einsam und doch umzingelt."

Ich hatte bis zu diesem Zeitpunkt ausschließlich oberflächliches Wissen über China angesammelt: Umweltverschmutzung durch qualmende Fabriken, ein Meer von gleich aussehenden Chinesen in riesigen Städten, vielleicht ein paar Hunde auf dem Speiseplan. Das war es. In meiner Ignoranz hatte mir das bisher gereicht.

Bernhard antwortete wie immer gelassen: „Ich finde das Programm super interessant. Wann sonst kommst du so einfach für ein ganzes Semester nach China? Unser Institut bietet ein Kombipaket an, bei dem man nicht nur Chinesisch lernt, sondern auch Wirtschaftskurse à la MBA besucht. Das ist ein totaler Boost für deine Karriere!"

Ich rollte mit den Augen. Meine Karriere hatte mich bisher nicht sonderlich interessiert. Nun waren wir aber schon im letzten regulären Semester unseres Masterstudiums in Wirtschaftschemie angelangt. Danach kam nur noch die Masterarbeit. Und danach die Jobsuche. Ich wollte nicht arbeiten. Jede Faser in meinem Körper sträubte sich davor, den endgültigen Schritt zum Erwachsenwerden zu machen. Einen Job zu suchen, das war etwas für alte Menschen. Ich war erst 25 und noch nicht bereit zu arbeiten. Typisch Generation Y eben.

Ich lugte über Bernhards Schulter und las heimlich mit. Er sah es natürlich und grinste breit. Die Erlebnisberichte erinnerten mich an meine einjährigen Auslandsaufenthalte in Chile und Polen. Als Teenager hatte ich ein Schuljahr in Südamerika verbracht und das Bedürfnis, die Welt kennenzulernen, ließ mich seitdem nie wieder los. Warum zur Hölle ich später ein Jahr damit verbracht hatte, Polnisch zu lernen, werde ich auch heute noch gefragt. Insbesondere von unseren polnischen Nachbarn selbst.

Ein Leben im Ausland ist immer intensiv. Ich konnte die Vibrationen und den Herzschlag fremder Kulturen regelrecht spüren. Schon oft hatte ich meine Zunge bei dem Versuch verrenkt, fremdartige Töne nachzuahmen. Meine Geschmacksknospen prickelten beim Gedanken an die Berührung kulinarisch exotischer Delikatessen vor Vorfreude. Aber China? Das war mir bisher immer zu … naja … zu chinesisch gewesen. So fremdartig, dass meine Gehirnwindungen, mein Körper und insbesondere meine Zunge rebellierten.

„Wie viele Leute aus unserem Semester nehmen denn an diesem Programm teil?“, fragte ich aus Neugierde.

„Dieses Jahr war ich der einzige Bewerber und die Bewerbungsfrist ist schon seit ein paar Wochen vorbei. Die Koordinatorin des Programms hatte bis vor Kurzem aber noch nach Interessenten gesucht.“ Bei diesen Worten beobachtete Bernhard ganz genau meine Reaktion.

Ich dachte darüber nach. Herausforderungen und Spontaneität waren meine Spezialität. Wahnwitzige Taten und hoffnungslose Situationen kitzelten Aktionismus in mir hervor. *Warum hatte ich eigentlich so eine Abneigung gegen China?* Spontan fielen mir ein paar Begriffe ein: Chaos, Umweltverschmutzung, Bevormundung. Kurzum: überfordernd und schockierend. Aber gerade das Überschreiten der Komfortgrenzen hatte mich doch immer an der Fremde gereizt. Vielleicht war es ja Zeit für etwas gänzlich Neues? Außerdem konnte ich mit den MBA-Kursen meine Jobsuche karrierefördernd um ein Semester nach hinten verschieben. Zwei Fliegen mit einer Klappe also.

Ich startete meinen Computer und wurde mit einem missbilligenden Blick des Dozenten bestraft. Das Seminar lief schon seit einer Weile und wir sollten von Anfang an am Rechner mitarbeiten. Ich ignorierte ihn und suchte nach den Kontaktdaten der Auslandssemester-Koordinatorin unseres Institutes. Anschließend öffnete ich eine neue E-Mail und tippte das Folgende leise klackernd in meine Tastatur:

Von: Tobias Engbring
Gesendet: Dienstag, 12. November 2013 15:33 Uhr
An: shenmi@wirtschafts-chemie.de
Betreff: Ein Semester in China

Hallo Shenmi,

Bernhard hat mir berichtet, dass er bald über unser Institut ein Semester in China studiert.

Nun hat er mein Interesse für das Programm geweckt, sodass ich eventuell ebenfalls teilnehmen möchte. Da die Bewerbungsfrist aber bereits vorbei ist, wollte ich nachfragen, ob eine Bewerbung überhaupt noch möglich ist?

Liebe Grüße
Tobias

Ich schickte die E-Mail ab und überlegte, was ich als nächstes tun sollte. Dem trockenen Seminar folgen? Bloß nicht! Da mein eigener Rechner nun eingeschaltet war, folgte ich Bernhards Link zu den Erfahrungsberichten und begann interessiert zu lesen.

Nach einer Weile bemerkte ich eine neue E-Mail in meinem Posteingang:

> **Von**: shenmi@wirtschafts-chemie.de
> **Gesendet**: Dienstag, 12. November 2013 16:13 Uhr
> **An**: Tobias Engbring
> **Betreff AW**: Ein Semester in China
>
> Hallo Tobias,
> ich freue mich, dass Bernhard dein Interesse geweckt und einen „Kameraden" gefunden hat. :-)
> Der Auslandsaufenthalt läuft von März bis Juli 2014.
> Obwohl die Bewerbungsfrist bereits vorbei ist, habe ich schon mit dem Professor gesprochen. Er hat nichts dagegen. Ich kann gerne sofort mit der Ansprechpartnerin an unserer Partneruniversität in Dalian sprechen.
> Das heißt: Ich brauche deine endgültige Entscheidung! Falls JA, kannst du entweder heute oder morgen bei mir im Büro vorbeikommen und das Formular ausfüllen.
> Ach, und ich brauche den Scan deines Passes.
> Beste Grüße Shenmi

Wahnsinn! 40 Minuten nach meiner ersten spontanen Überlegung schien mein Schicksal bereits besiegelt. Die Koordinatorin hatte bereits mit unserem lokalen Professor gesprochen und wahrscheinlich schon ein vorgestempeltes Formular bereitliegen. Das nenne ich Enthusiasmus! Scheiße. Was passierte hier eigentlich? Ich hatte nicht einmal einen gültigen Reisepass und darüber hinaus keine Ahnung, was ich tun sollte. 30 Minuten später bimmelte mein Postfach erneut.

Von: shenmi@wirtschafts-chemie.de
Gesendet: Dienstag, 12. November 2013 16:43 Uhr
An: Tobias Engbring
Betreff AW: Ein Semester in China

Hallo Tobias,
leider muss ich heute um 16:50 Uhr los. Anbei schicke ich dir zunächst das Formular (das Foto musst du vorbereiten, den Rest können wir zusammen ausfüllen). Morgen kannst du einfach im Institut vorbeikommen.
Wir sehen uns morgen! :-)
Liebe Grüße Shenmi

Das hatte ich jetzt von meiner Spontaneität …

Die Stundenglocke läutete und das Seminar war vorbei. Das war mit Abstand meine spannendste Doppelstunde seit Semesterbeginn und ich hatte kaum ein Wort mitbekommen.

Meine Kommilitonen und Kommilitoninnen packten ihre Sachen zusammen und verließen den Computerraum, während ich stoisch auf meinen flackernden Bildschirm starrte. Bernhard klopfte mir grinsend auf die Schulter. „Wir sehen uns dann im grellbunten Bällebad", sagte er und verließ summend den Raum. Na bravo, Tobi. Ich hatte einen Tag Zeit, um mich zu entscheiden.

Zum Glück hatte ich in meiner Kindheit eine gute Nanny gehabt: Laut Rory von den Gilmore Girls wurde es Zeit für eine Pro-und-Contra-Liste. Ich kritzelte also das Folgende auf ein Blatt Papier:

PRO	**CONTRA**
Ein Halbes Jahr in China wohnen	Ein Halbes Jahr in China wohnen
Chinesisch lernen	Chinesisch lernen

Okay, Rory, ich könnte noch ein wenig Hilfe gebrauchen …

Ich zerknüllte die Liste, warf sie zwei Meter links vom Mülleimer in das Waschbecken und verließ grübelnd den Raum. Es sollte eine lange Nacht werden.

Am nächsten Tag betrat ich den Korridor unseres Instituts und suchte die Schilder nach dem richtigen Namen ab.

„Da bist du ja endlich!", rief Shenmi aus einem Büro heraus.

Ich blieb im Türrahmen stehen.

„Die Koordinatorin in China wartet schon auf die Formulare. Ich hoffe, du hast das Dokument ausgefüllt und unterschrieben? Ach was, egal, ich habe hier selbst noch eine Version ausgedruckt. Die Daten habe ich deinem Studentenprofil entnommen und heute Morgen ausgefüllt. Du musst nur noch unterschreiben."

Sie hielt mir von ihrem Schreibtisch aus einen Stift entgegen.

Shenmi musste eine mutierte Lunge haben, anders konnte ich mir ihr Bombardement an Wörtern nicht erklären. Sie schien nicht einmal Luft geholt zu haben – und dabei war sie relativ kompakt. Sie trug ihre langen schwarzen Haare offen, ihre Brille verdeckte einen scharfen, intelligenten Blick. Als einzige chinesische Doktorandin an unserem Institut war sie zuständig für das Auslandsprogramm mit unserer Partneruniversität in Dalian. Ich stand wie angewurzelt im Türrahmen und zögerte mit dem Eintreten. Irgendetwas gab mir das Gefühl, ich könne das Zimmer erst wieder verlassen, wenn ich die erforderlichen Dokumente unterschrieben hatte – ob ich wollte oder nicht.

Shenmi schaute mich wartend an. Sie blinzelte nicht. Ich holte noch einmal tief Luft, da ich nicht wusste, ob in dem kleinen Büro genügend Sauerstoff für mich übrig war. Während ich eintrat und mich hinsetzte, schielte ich auf Shenmis Brust, um die Kapazität ihrer Lunge einzuschätzen. Sie sah ganz normal aus. Shenmi räusperte sich, verdeckte mit einem Arm ihr nur leicht angedeutetes Dekolleté und blickte missbilligend. „Also?”, fragte sie in einem schärferen Tonfall.

Ich errötete und stammelte: „Ähm, ja natürlich. Also ich hätte noch ein paar Fragen.” Shenmi runzelte die Stirn. Ich sprach leise weiter: „Also nur ganz kleine Fragen. Auch gar nicht so viele.” Ich wusste nicht warum, aber diese Frau schüchterte mich ein.

„Na gut.” Sie legte den mir noch immer entgegengestreckten Stift mit einem deutlich hörbaren Aufprall auf die Formulare vor mir. Ich schaute auf die drei nebeneinander ausgebreiteten Blätter. An jedem zu unterschreibenden Punkt hatte sie bereits ein kleines X gesetzt und die Felder mit einem pinken Textmarker hervorgehoben. Ich hob den Blick und mied Shenmis Augen. Ich sah auf ihre kleine Nase. Na toll, war das jetzt rassistisch?

„Bisher habe ich noch fast keine Infos”, sagte ich. „Nur, dass es für ein Semester nach Dalian im Nordosten Chinas gehen soll. Dort könnte ich Chinesisch lernen und Wirtschaftskurse besuchen. Mich würde aber noch interessieren, wie die finanzielle Seite aussieht. Was muss ich alles bezahlen?”

„Um das Finanzielle brauchst du dir gar keine Sorgen zu machen”, antwortete Shenmi und winkte ab. „Wir bezahlen die Universität.” Ich entspannte mich etwas und lehnte mich zurück. „Du musst nur den Sprachkurs bezahlen. Ein paar hundert Euro kostet der. Vielleicht auch tausend. Und die Lebenshaltungskosten bezahlst du auch. Also Miete, Essen, Schulbücher. Den Flug musst du selbst buchen, auf eigene Kosten. Aber den Rest übernehmen wir. Also die Universitätskosten.”

Ich richtete mich im Stuhl auf. „Das hört sich irgendwie … teuer an”, sagte ich und fragte mich zugleich, welche Summe mit all diesen Punkten zusammenkam. Was musste ich jetzt bezahlen? Die Universitätskosten immerhin nicht, aber sonst hörte es sich nach viel an.

„Ach Quatsch, China ist billig. Du bist Deutscher." Mehr sagte sie nicht. Das sollte wohl alles Notwendige erklären.

Sie ergriff den Stift und streckte ihn mir erneut entgegen. Wir schauten uns über den Tisch hinweg an. Drei kleine X wiesen mir meinen Pfad in Richtung China. Sie erschienen mir wie die Markierungen einer mysteriösen Schatzkarte. Kurz fragte ich mich, weshalb Shenmi mich so sehr überzeugen wollte. Erst viel später sollte ich verstehen, dass den Chinesen ihr Ruf über alle Maßen wichtig war. Und wenn nicht nur eine Person, sondern gleich zwei Ausländer aus einem als exotisch und wertvoll geltenden Land wie Deutschland beim Programm mitmachten, war das mehr als doppelt so prestigeträchtig. Letztendlich war die Begründung für mich aber unwichtig. Insgeheim hatte ich mich bereits entschieden: Es war Zeit für ein halbes Jahr voller Abenteuer in Asien.

Mit einer Halbkreisbewegung meines Kopfes manövrierte ich meinen Blick möglichst weit um Shenmis Dekolleté herum zu den Formularen. Dann nahm ich den Stift und besiegelte mit drei geschwungenen Unterschriften meine kurzfristige Entscheidung.

Ich will nicht nach China!, hatte ich gesagt.

Zum Glück war ich äußerst schlecht darin, auf mich selbst zu hören.

Kapitel 2
Die Ankunft

Freitag, 28. Februar 2014. Flughafen Dalian, China.

Ich fühlte mich wie ein Außerirdischer. Im Flugzeug musste ich auf einem Zettel zur Einreise meine Nationalität ankreuzen. Es gab nur die Auswahl „Chinese” oder „Alien”. Es war also offiziell. Ich brauchte nicht lange, um mich entsprechend fremd zu fühlen.

Meine Vorbereitungen für das Auslandssemester waren relativ simpel verlaufen. Ich hatte einen Reisepass beantragt, ein paar Impfungen erhalten, mein Zimmer untervermietet und zusammen mit Bernhard unseren Hinflug gebucht. Meine Utensilien passten in zwei Gepäckstücke: ein kleiner Koffer und ein großer Rucksack, den ich gerne für längere Wanderschaften nutzte. Auf die Buchung eines Rückfluges verzichtete ich, weil ich im Anschluss an das Semester noch eine Weile in China reisen wollte. Um nicht völlig ahnungslos anzukommen, hatte ich auf dem Flug einige Passagen aus dem Buch „Gebrauchsanweisung für China“ gelesen. Ein Kapitel hatte ich dabei im Besonderen belächelt, weil dort das Hinhocken der Chinesen in jedweder Lebenslage beschrieben wurde.

Am Flughafen in Dalian konnte ich mein neues Wissen direkt in die Tat umsetzen, denn dort bin ich auf meine erste asiatische Toilette gegangen. Ich hatte zuvor von diesen super Hightech-WCs mit dutzenden Knöpfen mit fremden Schriftzeichen gehört. Man drückte eine Taste und bekam aus Versehen Wasser in gewisse Hintertür-Regionen gespritzt. Super Dinger, sehr interessant. Die gibt es aber anscheinend nur in Japan und Südkorea. In China sah das etwas anders aus. Manche kennen es vielleicht noch von dörflichen Frankreich-Erfahrungen. Es gab weder Knöpfe noch Schickimicki. Stattdessen stierte mir nur ein einfaches Loch entgegen, wie ein zu groß geratenes Auge mit einer bräunlichen Iris. In der Flughafenversion war die Aushöhlung immerhin mit einer Keramikeinlage im Boden eingefasst.

Mir war einmal von einer etwas korpulenten Dame aus den USA berichtet worden, die eine solche Toilette als Sitzgelegenheit fehlinterpretiert hatte. Es war ein fataler Stuhldrang. Als sie sich nach erfolgreichem Wasserlassen aus der tiefliegenden Position wieder aufzurichten versuchte, steckte sie mit ihrem Gesäß im Loch fest. Sie begann laut und panisch nach Hilfe zu rufen. Dann hysterisch zu schreien. Ihr Reiseleiter eilte herbei und trat mehrmals wuchtig auf die Tür ein, bis sie sich endlich mit einem Krachen ergab und die halbnackte Frau mit Holzsplittern bestäubte.

Nun blickte ich kritisch auf das Loch im Boden vor mir. Vorsorglich schloss ich die stabil wirkende Kabinentür nicht ab.

Als ich etwas später meine Hose wieder hochzog und nichts schiefgegangen war, fühlte ich mich gleich doppelt erleichtert. Es sollte jedoch noch eine Weile dauern, bis ich mich an diese Art kontaktloser Toiletten gewöhnen würde und den Hygienevorteil wertschätzen konnte.

Vor dem WC tauschten Bernhard und ich uns lachend über unsere neuen Toiletten-Erfahrungen aus, während wir ins Foyer gingen. Dort angekommen blickten wir uns suchend um. Die chinesische Koordinatorin des Programms sollte uns abholen. Wir hatten zuvor ein Foto von ihr per E-Mail bekommen, um sie identifizieren zu können. Nach kurzer Zeit näherte sich uns eine junge Frau mit schwarzen Haaren und asiatischen Gesichtszügen. Ich nickte mir selbst zu. Das wird sie sein. Das Äußere passte. Doch sie ging zielstrebig an uns vorbei. *Hatte ich sie verwechselt?* Ich entdeckte weitere Frauen, die fast genauso aussahen, und war total überfordert. Ich würde sie niemals erkennen!

Plötzlich tippte mir jemand auf die Schulter. Es war eine junge Frau mit schwarzen Haaren und asiatischen Gesichtszügen.

„Hallo. Seid ihr die Zwei aus Deutschland?", fragte sie in recht gutem Englisch.

Ich nickte erleichtert.

„Willkommen in Dalian", fuhr sie fort. „Ich bin Rainbow."

„Rainbow?", fragte Bernhard und warf mir einen irritierten Blick zu.

„Ja, Rainbow", sagte sie und nickte ihm zu.

Ich nickte mit. Mehr fiel mir nicht ein.

„Ich bin Bernhard", sagte Bernhard.

„Bernhard?", fragte Rainbow.

„Ja, Bernhard", sagte Bernhard.

Bernhard und Rainbow blickten sich verwirrt an.

„Ich bin Tobias", sagte ich und winkte vor Rainbows Gesicht um Aufmerksamkeit.

Rainbow blinzelte ein paar Mal und dann sah sie mich an.

„Ja, okay“, sagte sie und zuckte mit den Schultern. Dann drehte sie sich weg und hielt nach jemandem Ausschau.

„Verarscht sie uns? Rainbow, also Regenbogen?", flüsterte ich Bernhard zu.

„Was ist so komisch an Bernhard?", flüsterte er zurück.

Rainbow winkte jemandem zu. Ein Asiate mit kurzen schwarzen Haaren kam herbei.

„Hi, ich bin Yuma", sagte er ebenfalls auf Englisch.

Ich begrüßte den Chinesen.

„Das ist ein weiterer Teilnehmer des Programms. Er kommt aus Japan", sagte Rainbow.

Ups, dachte ich.

Wir schüttelten Yuma die Hand und ich verglich ihn mit den umherlaufenden Menschen um uns herum. Ich seufzte innerlich. Es war mir nicht möglich, Yuma rein äußerlich als Japaner zu identifizieren. Na toll! Kaum war ich ein paar Minuten in China und schon fühlte ich mich wie ein ignoranter Europäer, der alle asiatischen Kulturen in einen großen Topf warf.

„Dann können wir ja los", sagte Rainbow und verschwand schnellen Schrittes in der für mich beängstigend uniformen Menge.

Wir nahmen unser Gepäck und eilten ihr hinterher. Nach einem kurzen Schreckmoment, in dem wir glaubten, Rainbow bereits in der Menge verloren zu haben, fanden wir sie am Ausgang der Flughafenhalle wieder. Sie war in ein Gespräch mit einem weiteren Chinesen verwickelt. Oder Japaner? Auf jeden Fall mit einem Asiaten. Mann, wäre das peinlich, wenn der Mann jetzt ein Inuit oder Mongole war. *Mongolen sind auch Asiaten, oder?* Ich versuchte, nicht weiter darüber nachzudenken. Die nun folgende Diskussion von Rainbow und ihrem nicht identifizierbaren Gesprächspartner entwickelte sich zu einem hitzigen verbalen Schlagabtausch.

Ein weiterer Mann zupfte an meinem Ärmel und wedelte mit seinem Smartphone vor meinem Gesicht herum. Eine blecherne Stimme sprach monoton aus dem Gerät: „200 Enten in die Tiefstadt. Nur jetzt, spezielles Gebot." Gleichzeitig redete der Mann auf Chinesisch auf mich ein. *Aha! Ein Chinese.* Na gut, es konnte auch Vietnamesisch oder Malaysisch sein, ich hatte wirklich keine Ahnung. Chinesisch schien mir an einem Flughafen in China jedoch am wahrscheinlichsten.

Er sprach wieder schnell auf Asiatisch in sein Smartphone, der kleine Computer übersetzte: „Steig in mein Auto. Ich habe gutes Klima." *Ähm, wie bitte?!* Plötzlich schrie Rainbow ihren Gesprächspartner lautstark an. Sie wandte sich von ihm ab und wollte gehen. Er hielt sie grob am Arm zurück. Ich wollte schon helfend einspringen, da griff Rainbow in ihre Handtasche. Sie zückte ihr Portemonnaie und drückte dem Mann ein paar Scheine in die Hand. Der Asiate mit dem Smartphone wandte sich frustriert von mir ab. Währenddessen entzog mir Rainbows Gesprächspartner plötzlich meinen Koffer und schritt eilig in Richtung Ausgang.

„Hey!", rief ich aufgebracht und lief ihm hinterher.

„Alles gut", beruhigte mich Rainbow. „Das ist unser Fahrer. Er bringt uns zur Universität."

Ich drehte mich misstrauisch zu ihr um. „Aber worüber habt ihr euch so heftig gestritten?", fragte ich.

„Gestritten? Nein, wir haben über den Preis verhandelt. Er wollte erst viel zu viel Geld haben", erklärte sie und schritt an mir vorbei dem Mann hinterher. *Das ist mal eine interessante Art, Preise zu verhandeln*, dachte ich.

Bernhard, Yuma und ich folgten den beiden und gingen zielstrebig an den bereitstehenden Taxis vorbei. Auf dem dahinterliegenden Parkplatz hievte der Mann mein Gepäck in den Kofferraum eines etwas in die Jahre gekommenen Kleinwagens. Na super, der Mann war nicht einmal ein Taxifahrer, sondern offensichtlich ein völlig fremder Freiberufler mit Schwarzarbeits-Ambitionen.

Bernhards riesiger Koffer wurde unsanft neben meinen kleineren Koffer und den Rucksack geworfen. Mit Yumas Gepäck obenauf konnte die Klappe des Kofferraums nicht mehr richtig geschlossen werden, sodass der Fahrer sie nur anlehnte. Das schien den anwesenden Chinesen jedoch nichts auszumachen. Zielstrebig besetzten Rainbow und er die vorderen Plätze des Fahrzeugs. Ich setzte mich derweil auf den mittleren Platz der recht engen Rückbank. Ich wollte mich anschnallen, doch einen Gurt suchte ich vergeblich. Wir fuhren los.

Mein erstes Erleben des chinesischen Straßenverkehrs war einer dieser Momente, die sich mit Nachdruck ins Langzeitgedächtnis einbrennen, ohne dass man sich an exakte Details erinnert. Es war ungefähr so, wie ich mir die Geburt eines Kindes vorstellte. Ein solider Vergleich, denn als Mann hatte ich ungefähr genauso wenig Ahnung von einer Geburt wie als Deutscher vom chinesischen Straßenverkehr. Die Autofahrt lief in meiner stark überforderten Wahrnehmung also wie folgt ab:

Der Fahrer fuhr mit halb geöffnetem Kofferraum ruckartig los. Mich begleitete die ständige Angst, mein Gepäck zu verlieren. Schlaglöcher trafen uns hart und meine Knochen klapperten mit jedem Einschlag. Ich brach in Schweiß und Schnappatmung aus und schrie vor Panik auf, als wir bei Rot auf eine Kreuzung zufuhren. Lautes Gehupe ertönte und unser Fahrer spielte beinahe symbiotisch einen tieferen Bariton im großen Hupkonzert. Ein LKW schlug mit seinem dröhnenden Bass zu wie ein Schmied beim Hau-den-Lukas. Unser kleines Gefährt wich mausartig aus und ruckelte schleunigst davon. Alle Regeln des Verkehrs waren schon lange ausgesetzt worden und ich betete in der Hoffnung, einfach nicht zu sterben. Dann schloss ich die Augen, was alles noch schlimmer machte.

So abrupt wie sie begonnen hatte, endete die Fahrt mit einem plötzlichen Ruck - die Klappe sprang komplett auf und das Gepäck fiel heraus. Ich stieg zitternd aus und stand auf wackligen Beinen. Mein Koffer wurde mir in die Arme gedrückt. Die Fahrt war vorüber. Glückshormone setzten ein. Die Details an den Ritt verschwammen, sobald ich mein Überleben realisierte. Ein kleiner Tobi erblickte das China der Welt. Ich fühlte mich wie neugeboren – direkt hinein in eine mir vollkommen fremde Umgebung.

Das Auto fuhr mit quietschenden Reifen und nun wieder geschlossenem Kofferraum davon. Währenddessen erblickten Bernhard, Yuma und ich das erste Mal unser neues Zuhause. Rainbow zeigte auf den Eingang des Universitätscampus vor uns. Dort prangte ein Schild, das uns in blauen Lettern willkommen hieß:

大连理工大学

Kapitel 3

Technische Universität Dalian

Immer noch Freitag, 28. Februar 2014. Technische Universität Dalian. China.

„Hier unterschreiben", sagte die Dame bei der Anmeldung für neue Studierende.

Die kleine Frau mit seriösem Kurzhaarschnitt saß hinter einem riesigen Schreibtisch, auf dem sich die Papiere türmten. Das neongelbe Licht der Deckenröhre flackerte und verursachte in dem kahlen Raum eine sterile Atmosphäre.

„Was steht da?", fragte ich und zeigte auf das mir vorliegende Dokument. Alles war auf Chinesisch.

„Hier unterschreiben", wiederholte die Angestellte und tippte ungeduldig mit dem Finger auf das Blatt. Ein Stapel Papiere rutschte bei ihrer Bewegung vom Tisch und verteilte sich über den Boden. Wir blickten beide kurz auf die verstreuten Dokumente. Keiner machte Anstalten sie aufzuheben. Dann blickten wir uns wieder tief in die Augen.

Ich war müde. Die Reise dauerte jetzt schon über 20 Stunden. Doch anstatt uns endlich ausruhen zu können, waren wir zur Anmeldung für neue Studierende geführt worden. Dort hatten wir warten müssen, bis jemand Zeit für uns fand. Das war ganz schön lange gewesen. Rainbow hatte sich bereits am Anfang der Prozedur von uns verabschiedet. Sie hatte Wochenende.

Nun saß ich in diesem sterilen Raum voller unverständlicher Dokumente und kämpfte den hoffnungslosen Kampf eines Mannes, der nicht einsehen wollte, dass er nur verlieren konnte.

Ich gab den Blickkampf mit der Frau auf und sah hinab auf die Dokumente.

„Aber ich muss doch zumindest wissen, was ich unterschreibe", sagte ich. Mein deutsches Herz blutete.

Die Frau verstand mich nicht. Weder das Bedürfnis, ein zu unterschreibendes Dokument zu verstehen, noch meine exakten Worte. Die Unterhaltung war auf Englisch. Zumindest ich sprach Englisch. Das Einzige, was die Frau sagen konnte, oder vielleicht auch nur wollte, wiederholte sie nun zum dritten Mal:

„Hier unterschreiben."

Ich resignierte, nahm den Stift und unterschrieb. Die Frau wirkte erleichtert. Dann zückte sie das nächste Dokument.

„Hier unterschreiben", sagte sie, mit ihrem Finger auf den riesigen Tisch pochend. Es hätte genauso gut meine Schläfe sein können. Meine Abwehr war bereits mit der ersten Unterschrift überwunden. Somit unterschrieb ich insgesamt vier mir unverständliche Dokumente und verließ den flammenartig flackernden Raum, in dem ich soeben gefühlt meine Seele verkauft hatte.

Anschließend wurde ich in ein weiteres Büro geführt, das dem ersten sehr ähnelte. Doch hier nahm zusätzlich ein großer Tresor den hinteren Teil des Zimmers ein. Davor saß eine zierliche Frau an einem überfüllten Schreibtisch, ihre dunkelbraun umrahmte Brille saß am Rand ihrer kleinen Nasenspitze. Sie tippte in einen Taschenrechner und zählte Geldscheine. Das verhieß nichts Gutes. Bernhard und Yuma betraten kurz nach mir den Raum.

„Willkommen an der Universität Dalian", sagte die Frau in gebrochenem, aber verständlichem Englisch. „Sie sind nun Studenten unserer Universität. Es gibt aber noch ein paar Probleme."

War doch klar. Mein Bett rückte in weite Ferne.

„Tobias und Bernhard, eure Visa sind für ein Jahr ausgestellt. Wollt ihr ein Jahr hierbleiben?"

„Wie bitte?", entfuhr es mir. Mein Herz setzte einen Schlag aus. *Wie ist aus einem kleinen Abenteuer auf ein-*

mal ein ganzes Jahr geworden? Die Frau sah mich fragend an.

„Ähm. Nein", sagte ich. Bernhard verneinte ebenfalls.

„Okay. Dann braucht ihr neue Visa. Das kostet 750 Yuan pro Person." 750 Chinesische Yuan, abgekürzt CNY, entsprachen ungefähr 100 €.

„Ich habe aber ein Visum für ein halbes Jahr beantragt", antwortete ich. „Warum sollte ich jetzt noch mal das gleiche beantragen und mehr Geld bezahlen?"

Die Frau blinzelte mehrmals. Dann rückte sie ihre Brille zurecht, die sogleich wieder nach unten rutschte. „Dein Visum ist für ein ganzes Jahr. Das hast du falsch beantragt."

Ich erinnerte mich exakt daran, dass ich ein Visum für ein Semester beantragt hatte. Als ich dann zu Hause gesehen hatte, dass es für ein ganzes Jahr ausgestellt worden war, hatte ich sofort meinem Kontakt in Dalian geschrieben, dass das Visum falsch ausgestellt worden war. Man hatte mir schriftlich bestätigt, dass dies kein Problem darstelle. Ich solle es einfach so belassen, hatten sie gesagt. Bernhard war exakt das Gleiche passiert.

Ich erklärte es der Frau. Sie hörte zu und nickte. Dann sagte sie: „Ihr braucht ein Visum für ein halbes Jahr. Das kostet 750 Yuan."

„Aber …", begann ich und wusste nicht mehr, was ich sagen sollte.

Eine kurze Pause entstand. Die Frau blätterte in ihren Unterlagen. Ich fragte mich, ob die Universität absichtlich winzige Personen hinter riesige Schreibtische setzte. Es war das perfekte Bild des Trotzes: So klein der Mensch im Vergleich zum zermürbenden Apparat der riesigen Bürokratie auch war, die Beharrlichkeit der Chinesen war größer.

„Ihr könnt das auch später bezahlen", fuhr die Frau fort. „Aber einen Gesundheitscheck braucht ihr sofort. Das kostet 325 CNY pro Person."

„Aber für ein halbes Jahr Aufenthalt in China braucht man keinen Gesundheitscheck. Das habe ich vorher überprüft”, rebellierte ich.

„Ja. Aber ihr habt ein Visum für ein Jahr. Ihr braucht einen Gesundheitscheck.” Sie stempelte irgendetwas ab und gab uns Unterlagen. „Am Montag, dem 03. März, fährt ein Bus ins Krankenhaus. Der Treffpunkt ist vor diesem Gebäude um 8.30 Uhr. Ihr dürft nichts essen.” Wir schauten auf das Dokument. Chinesisch. *Das ergibt doch alles keinen Sinn*, dachte ich.

„Das Geld bitte”. Sie streckte eine Hand aus.

Ich zögerte. Bernhard schien bereits resigniert zu haben und bezahlte. Ich tat es ihm gleich. Was blieb uns auch anderes übrig.

„Gut. Ihr braucht eine chinesische Krankenversicherung.”

„Wieso ...”, begann ich, wurde aber von Bernhard unterbrochen.

„Lass es, das führt doch zu nichts”, flüsterte er mir auf Deutsch zu. Auf Englisch fragte er laut: „Wie viel kostet die?”

„300 CNY pro Person und Semester”, antwortete die Frau. Wir bezahlten die umgerechnet knapp 40 Euro für ein Semester wortlos. Diesmal musste Yuma ebenfalls bezahlen.

„Kommen wir zu euren Wohnungen”, fuhr sie fort.

Na endlich, dachte ich.

„Ich brauche drei Monatsmieten im Voraus.”

„Bitte was?!”

„750 CNY pro Monat und Person.”

„Oh”, sagte ich erleichtert. Das waren nur knapp 100 Euro im Monat.

Wir zählten jeweils 2250 CNY ab und bezahlten. Zum Glück hatten wir vorher Bargeld abgehoben. Der üppige Vorrat war nun beinahe aufgebraucht.

Dann bekamen wir weitere Dokumente, auf denen unsere Namen und unsere Zimmernummern angegeben waren. Bernhard hatte die 305, ich die 304. Yuma bekam die 207.

„Ihr bekommt jetzt die Schlüssel für eure Zimmer", sagte sie, kramte drei Schlüssel hervor und legte diese auf den Tisch.

„Für die Schlüssel müsst ihr Pfand hinterlegen. 70 CNY."

Ich legte wortlos meinen letzten 100 CNY-Schein auf den Tisch. Sie gab mir 30 CNY Wechselgeld sowie den Schlüssel mit der Nummer 305. Bernhards Zimmernummer.

„Entschuldigung, ich habe den falschen Schlüssel. Das ist Bernhards Nummer."

„Das ist egal. Behalte den jetzt."

Ich steckte den falschen Schlüssel ein, da ich keine Energie mehr hatte, um zu diskutieren. Zu sehr sehnte ich mich danach, in mein Bett zu schlüpfen. Oder Bernhards, je nachdem, wie man es sah.

„Sind wir fertig?", fragte ich. Die ganze Bürokratie dauerte mir zu lange. Es war wie das klebrige Auseinanderziehen eines Kaugummis, in das man auf dem Heimweg hineingestolpert war. Oder wie ein zähes Stück Fleisch, das zu lange in den Flammen der Bürokratie gegrillt wurde. Dabei wollte ich einfach nur schlafen.

„Bevor ihr geht, noch ein paar Infos …", hielt die Frau uns weiterhin vom Gehen ab. *Was jetzt noch?*

„Das Internet auf euren Zimmern ist noch deaktiviert."

„Wie teuer?", fragte ich und sah traurig auf meine letzten Geldscheine.

„Das geht nicht bei mir. Ihr müsst euch nächste Woche in einem anderen Büro registrieren. Fragt Rainbow am Montag."

Na toll! Jetzt hatten wir noch nicht einmal Internet.

„Euer Sprachkurs beginnt am 10. März. Dafür müsst ihr vorher noch bezahlen, sonst dürft ihr nicht teilnehmen", sprach die Frau weiter. „Das kostet 8500 CNY. Es geht nur in bar."

Das waren umgerechnet knapp 1100 Euro. Die wertvollste chinesische Banknote waren 100 Yuan. Das hieß, wir sollten den Sprachkurs mit insgesamt 85 Geldscheinen bezahlen. Das waren nicht gerade wenige Scheine. So viel Geld hatten wir nicht dabei, also mussten wir noch einmal wiederkommen. Ich schielte auf den großen Tresor in der Ecke. *So einen hätte ich auch gerne in meinem Zimmer.*

Dann durften wir endlich das Büro verlassen und wurden von einem jungen Chinesen zu unserem Wohnheim geführt. Er stellte sich uns als Joe vor. *Besser als Regenbogen*, dachte ich, *aber ziemlich Bilderbuch-amerikanisch*.

Das Gebäude war ein liebloses, dreistöckiges Konstrukt aus grauem Beton. Im Erdgeschoss waren Gitter vor den Fenstern angebracht. Vielleicht sollten die Bewohner vor Einbrechern geschützt werden?

Joe erklärte uns in schlechtem Englisch, was es mit unserem neuen Zuhause auf sich hatte. Das Gespräch dauerte eine Weile, da es primär mit Händen und Füßen stattfand. Dennoch verstand ich, dass dieses Gebäude eigentlich für chinesische Doktoranden vorgesehen war. Die anderen Wohnheime für internationale Studierende waren bereits voll belegt. Daher wurden wir hier einquartiert.

In der Eingangshalle gab es einen Sicherheitsmann, der an einem kleinen Schreibtisch vor einer Liste saß. Wir wurden mit Gesten und mir unverständlichen Worten dazu animiert, das Blatt mit unseren persönlichen Daten auszufüllen. Zum Glück war dieses Dokument nicht nur auf Chinesisch, sondern auch auf Englisch. Es gab Spalten für Name, Geburtsdatum, Heimatanschrift und Geschlecht. Ich schaute die Zeilen hinauf und hinab: Alle Bewohner waren männlich.

Dann wurde uns mithilfe der Liste erklärt, dass wir jeden externen Besuch anmelden mussten. Die Öffnungszeiten des Gebäudes waren von 7 Uhr bis 22 Uhr. Ein Betreten oder Verlassen außerhalb der Öffnungszeiten war verboten. Sollten wir nach 22 Uhr erscheinen, mussten wir bis zum nächsten Morgen im Freien ausharren. *Wie bitte?* Jetzt fehlten nur noch Kameras für die totale Überwachung. Ich sah mich um. An der Decke hing tatsächlich eine Kamera und stierte uns mit ihrem gläsernen Auge an. Ich lächelte gezwungen. *Jetzt ergeben die Gitter vor den Fenstern mehr Sinn*, dachte ich. So wurde ein illegales Betreten und Verlassen des Gebäudes verhindert. Tschüss Freiheit, Hallo China.

Ich unterschrieb noch im Büchlein des Wachmannes, dann musste einer von uns Joe als seinen Besuch anmelden, damit er das Gebäude ebenfalls betreten durfte. Anscheinend wurden keine Ausnahmen gemacht. Ich war so frei und übernahm das.

Wenig später betraten wir den Aufzug und fuhren unter Aufsicht einer weiteren Kamera aufwärts. Es ging in den 2. Stock. Also in das erste Obergeschoss, denn in China zählte man das Erdgeschoss als 1. Stock. Ich würde ja gerne sagen, das wäre sehr seltsam von den Chinesen, aber ich hatte schon immer die deutsche Variante der Erd- und Obergeschosse als außerordentlich verwirrend empfunden und hatte hier nun zum ersten Mal vollstes Verständnis für die besonderen Gegebenheiten.

Die Aufzugtür öffnete sich und wir wurden einen schmucklosen Flur entlanggeführt. Es roch nach Gewürzen und gebratenem Fleisch.

„Wo ist denn die Küche?", fragte ich.

„Keine Küche", sagte Joe.

„Aber hier riecht es doch nach Gebratenem?"

„Keine Küche", wiederholte Joe. „Küche ist in Gebäude zwei. Das hier ist Gebäude drei."

„Und wie kommen wir ins Gebäude zwei?", fragte ich.

„Kein Zutritt für euch", antwortete Joe. „Nur für Bewohner von Gebäude zwei."

„Wie sollen wir denn kochen?"

„Ich weiß nicht." Joe zuckte mit den Schultern.

„Hier wird doch gekocht. Was ist damit?", fragte ich und schnupperte noch einmal.

„Bewohner haben Küchengeräte hier. Ist aber nicht erlaubt", antwortete Joe.

Es gab also eine Küche, zu der wir keinen Zutritt hatten, und das Kochen im eigenen Zimmer war verboten, aber viele taten es trotzdem. Schritt für Schritt lernte ich den Wirrwarr der chinesischen Kultur kennen.

Bei der Nummer 207 hielten wir – Yumas Zimmer. Wir verabschiedeten uns von ihm und er verschwand in seinen Räumlichkeiten. Bernhard, Joe und ich gingen wieder zum Aufzug. Es dauerte ewig, bis sich die Türen öffneten. Dann fuhren wir eine Etage nach oben, die Kamera als treuen Begleiter über uns.

Durch einen ebenfalls schmucklosen und lecker duftenden Flur ohne Küche führte uns Joe zu unseren Zimmern. Bernhards 305 und meine 304 lagen direkt nebeneinander. Joe verabschiedete sich mit einem Winken und einem „Bye bye", dann war er verschwunden. Bernhard und ich atmeten tief ein. Wir öffneten die Türen und betraten unser jeweiliges, neues Zuhause.

Mein Zimmer war eine kleine Kammer von vielleicht 10 m^2. Sie war spärlich möbliert. Es gab einen Schreibtisch, einen Stuhl und ein kleines Bett. *Endlich!* Ohne mich weiter umzusehen, warf ich mich müde auf die Schlafstätte und schrie vor plötzlichen Schmerzen auf.

Es gab keine Matratze.

Kapitel 4

Rückwärtsgeher und betende Araber

Samstag, 1. März 2014. Technische Universität Dalian, China.

Die Uhrzeit verspottete mich. Mein Handy zeigte eine mir ansonsten ungewohnte und in der Dunkelheit viel zu helle Zahl: 04:07. Ich konnte nicht schlafen.

Den lokalen Stundentakt verleugnend konnte ich meinen Augenringen beim Wachsen zusehen. In Deutschland war es sieben Stunden früher, also 21 Uhr abends. Jeder Mensch kommt unterschiedlich gut mit einem Jetlag zurecht. Ich steckte leider im Körper eines störrischen Esels.

Es half nichts, sich zu beschweren. So ist mein Biorhythmus nun einmal. Man könnte auch sagen, ich bin traditionsbewusst und stählern, hart und unbiegsam. Ich passte also gut zu meinem neuen Bett. Gestern hatte ich nach meiner ersten schmerzhaften Begegnung mit diesem hölzernen Gestell meine Schlafstätte genauer untersucht. Es war eine Bodenerhöhung um 60 Zentimeter mit ähnlichen Eigenschaften wie der Boden selbst. Die Liegefläche bestand aus einer Schicht geschreddertem Bambus, die bei Benutzung in einem musikalischem Crescendo von Quietsch-, Knarz- und Schmerzgeräuschen endete. Letztere kamen von mir. Ich hasste bereits jeden Flecken seiner 80 mal 180 Zentimeter. Schwierig war außerdem, dass wir weder Decke noch Kopfkissen bekommen hatten. Meine erste Nacht verbrachte ich somit unter mehreren Kleidungsstücken und mit einem mitgebrachten Handtuch als Kopfkissen.

Ich war schlecht gelaunt, müde und hatte Nackenschmerzen. Um mich abzulenken, setzte ich mich an den

Computer. Das half zwar meinem Nacken nicht, beschäftigte mich aber wenigstens. Ich hatte für meinen Laptop ein Chinesisch-Lern-Programm mitgebracht, das über eine Funktion verfügte, bei der man die korrekte Aussprache durch Nachsprechen übte. Dazu konnte man je nach Fortschritt die Sensitivität der Spracherkennung einstellen. Also begann ich bei „sehr einfach" und war zunächst glücklich darüber, dass das Programm jedes einzelne meiner Wörter als richtig anerkannte. Bis ich bemerkte, dass der Computer auch jedes „Sching, Schang, Schong" mit einem überschwänglichen „Das hast du super gemacht!" oder „Weiter so!" kommentierte. Frustriert legte ich das Headset beiseite.

Es wurde bereits langsam hell und ich ging auf meinen kleinen Balkon „hinaus", um den Sonnenaufgang zu betrachten. Eigentlich war es mehr ein schmutziger, geschlossener Wintergarten mit ungeputzten Scheiben. Man konnte nur ein kleines Fenster öffnen, vor das ein dreckiges Moskitonetz gespannt war. Es flatterte an einer Ecke lose im Wind. *Na super.* Zumindest gab es noch kein Mückenproblem, da Anfang März hier noch eisige Temperaturen herrschten. *Yaaay*, dachte ich ironisch. Und so sah ich am offenen Fenster stehend meinen grauen Atemwölkchen zu, während am Horizont langsam die Sonne aufging.

Mein Fenster zeigte auf einen Innenhof, der von unserem U-förmigen Gebäudekomplex umfasst wurde. Im Hintergrund erkannte ich den qualmenden Schornstein eines kleinen Kraftwerks. Die emporgestoßenen Rauchfahnen hatten eine dunkelgraue, beinahe schon schwarze Färbung. Sie waren wie der zugezogene Vorhang vor dem Beginn des Theaterstücks. Ich wartete angespannt darauf, dass er sich öffnete.

Im Innenhof erblickte ich einen älteren Mann.

Er ging rückwärts.

Die Sonne warf lange Schatten, was die Situation noch suspekter gestaltete. Ich hatte von diesen Rückwärtsgehern gelesen. Man konnte sie entfernt mit europäischen Joggern vergleichen, die ihre Körper bei soliden 10 km/h trainierten. Diese Geschwindigkeit dividiere man durch drei, multipliziere die Gelassenheit mit 100 und drehe die Welt auf den Kopf. Voilà, man hatte einen chinesischen Rückwärtsgeher. Das nannte sich hier dann Sport.

Es gesellten sich weitere Personen im Innenhof dazu. Sie tänzelten kreuz und quer im Rückwärtsgang um ihre Schatten herum. Ich wartete darauf, dass sie wie Lemminge blind ineinander stießen. Nichts dergleichen passierte, der Innenhof blieb unfallfrei. Die Leute schienen viel Übung im verkehrten Wandern zu haben. *Wahrscheinlich durch jahrelanges Training*, dachte ich.

Während es hell wurde, ohne richtig hell zu werden, ging ich wieder hinein und begann mich in meinem neuen Zuhause einzurichten. Meine Gepäckstücke waren schnell geleert. Den kleinen Kleiderschrank konnte ich immerhin fast zur Hälfte füllen, während der Schreibtisch nur mit meinem Laptop und dem Headset darauf nach wie vor kahl und leer aussah.

Dann räumte ich mein winziges Badezimmer ein. Ich hatte mich am Abend zuvor riesig über diesen Raum gefreut. Er hatte eine richtige europäische Toilette statt eines einfachen Lochs im Boden! Mein Sitzpinkler-Herz machte einen Freudensprung.

Dann hatte ich die Dusche entdeckt. Beziehungsweise das, was man hier als Dusche verkaufen wollte. Ich hatte so etwas noch nie zuvor gesehen. Der Duschschlauch war direkt über dem Toilettensitz angebracht. Es gab weder eine Kabine noch einen Vorhang. Das winzige Badezimmer war offenbar zugleich die Dusche selbst. Eigentlich eine gute Maßnahme, um den begrenzten Raum effizient zu nutzen. Ich musste an eine angeregte Diskussion mit einem Bekannten denken, der mit Freude unter der Dusche urinierte. Es sei so schön befreiend, hatte er gesagt. Ich hatte die Vorstellung als schmutzig-verstörend empfunden, beim Duschen auch mein eigenes Wasser laufen zu lassen.

Wer konnte schon wissen, ob nicht doch was Großes mit rauskam. Insbesondere als Sitzpinkler sollte man da vorsichtig sein.

Nun setzte ich mich auf die Toilette und besah den Duschkopf direkt über mir. *Jetzt braucht man nur noch eine wasserfeste Zeitung*, dachte ich, *dann kann man den kompletten Badezimmervorgang in einem Rutsch erledigen.*

Nach einer ausgiebigen Dusche und anderen Tätigkeiten fühlte ich mich sauber und befreit. Doch als ich mich abtrocknen wollte, war das Handtuch bereits nass. Wirklich alles in diesem kleinen Badezimmer war nass. Ich würde meine Utensilien und Handtücher beim Duschen außerhalb des Raumes lagern müssen. *Eindeutig ein Nachteil des Duschkabinentoilettenbadezimmers*, dachte ich mir. Nun gut, ich würde mich daran gewöhnen müssen.

Nach dem Trockenwischen der Badezimmertoilettendusche war es bereits 8 Uhr. Jetzt wurde ich doch müde und legte mich vorsichtig ins Bett. Es knarrte laut und ich stöhnte frustriert als Antwort. In Deutschland war es jetzt 1 Uhr nachts. Vielleicht konnte ich mich noch kurz ausruhen, bevor ich frühstückte? Mein Kopf berührte meinen zum Kissen zusammengeknüllten Pullover, den ich statt des nun feuchten Handtuchs nahm. Ich schlief sofort ein.

Durch ein lautes Klopfen wurde ich unsanft aus dem Schlaf gerissen. Ich schaute auf mein Handy: 12.17 Uhr. Völlig gerädert öffnete ich meine Tür. Bernhard stand im Flur.

„Guten Morgen", sagte er bestens gelaunt. „Ich habe phänomenal gut geschlafen und bin topfit. Ich wurde in der Nacht nur einmal kurz geweckt. Wie steht's bei dir?"

„Klappe", sagte ich müde. „Ich war die halbe Nacht wach."

„Ach was, wieso? Hat dich auch so ein komischer Typ gestört? Gegen 4 Uhr morgens hat jemand laut gebetet. Es hat sich irgendwie Arabisch angehört. Das war irritierend", sagte Bernhard.

„Gebetet? Komisch, ich habe nichts gehört. Dabei war ich auch um 4 Uhr wach und habe Chinesisch geübt", sagte ich.

Bernhard sah mich an, dann lachte er laut auf. „Ich glaube, du warst mein betender Araber", sagte er grinsend. „Wenn das Chinesisch gewesen sein soll, musst du aber noch üben. Ziemlich hellhörig unsere Zimmer. Pass auf, was du sonst so machst", sagte er zwinkernd.

Ich errötete schweigend. Gut zu wissen. Und naja, meine Aussprache war wohl schlechter als gedacht. Ich hatte schon immer einen großen Ehrgeiz, die Betonung einer Fremdsprache von Anfang an richtig zu lernen. Aber Chinesisch war mir so fremd, dass es eine ziemliche Herausforderung darstellte.

„Warum bist du eigentlich so gut gelaunt?", fragte ich.

„Ich habe geschlafen wie ein Stein." Als er mein zweifelndes Gesicht sah, erklärte er schulterzuckend. „Ich kann überall und zu jeder Zeit schlafen. Jetzt bin ich wach und ausgeruht, bereit für Schandtaten. Wie wär's, gehst du mit mir die Umgebung erkunden?"

„Gute Idee", antwortete ich müde. „Ich bin sofort fertig."

Ich zog mir etwas Warmes an und nahm einen kleinen Rucksack für Einkäufe mit. Ich hatte riesigen Hunger und weder etwas zu Essen noch zu Trinken in meinem Zimmer.

Also begaben wir uns in das unbekannte Draußen.

Kapitel 5

Die erste Erkundung

Immer noch Samstag, 1. März 2014. Technische Universität Dalian, China.

Am Empfang hielt mich der Sicherheitsmann auf. Er zeigte gereizt auf die Liste und ich las Joes Namen nebst mangelnder Unterschrift seines Check-Outs. Ich hatte Joe am Vortag nicht ordentlich abgemeldet und bekam jetzt eine Zurechtweisung. Ich entschuldigte mich duckend, was den Chinesen ausreichend besänftigte. Er setzte sich wieder und ließ mich passieren. Ganz schön streng, diese chinesischen Wohnheimregeln, dachte ich, während Bernhard und ich das Gebäude verließen.

Draußen kamen uns drei Franzosen entgegen. Endlich eine Kultur, die ich einwandfrei erkennen konnte. Das dominante R aus dem Rachenraum gesprochen und der allgemeine Akzent waren für mich unverkennbar. Mein Französisch war nicht allzu gut, aber ich verstand die Wörter „Whisky“ und „Putain“. Letzteres bedeutete „Hure“, war jedoch eher ein französisches Äquivalent zum deutschen „Scheiße“ – also ein überlebenswichtiges Wort. Wie überlebenswichtig auch Whisky diesen drei Franzosen war, sollte ich bald herausfinden.

Die drei Männer sahen witzig zusammen aus. Es waren ein dicker, ein dünner und ein langer Franzmann, letzterer trug eine Brille. Sie erinnerten mich etwas an Alvin und die Chipmunks.

„Hey Jungs”, rief ich auf Englisch. „Auch aus Europa?”

Sie unterbrachen ihr Gespräch und wandten sich uns zu.

„Oui, mon ami”, antwortete der Dicke. „Woher kommt ihr?”

„Aus Deutschland”, sagte Bernhard.

„Ihr Deutschen seid auch überall", kommentierte der Dünne. Vielleicht sollte ich ihn auch den Schönen nennen. Mit seinem französischen Akzent und einem ansehnlichen Äußeren umgab ihn eine Aura exotischer Verwegenheit. Ich fand ihn auf Anhieb unsympathisch.

„Was macht ihr hier in China?", fragte er.

„So ein BWL-Programm und einen Chinesisch-Kurs", sagte ich schulterzuckend.

„Ah, très bien", kommentierte der Lange. „Wir machen auch dieses Programm. Unsere Universität Économique in Clermont ist eine Partneruniversität von Dalian."

„Wie bei uns. Nur mit Münster statt Clermont", sagte Bernhard.

„Was? Munster? Hm. Hey, nicht böse gemeint, aber wir sind total verkatert", sagte der Dicke und fasste sich an den Kopf. „Wir haben gestern Whisky für 8 Yuan entdeckt. Also 1 Euro pro Flasche. Putain, wie der ballert."

„Oh ja", sagte der Dünne. „Ich glaube, ich schlafe noch ein bisschen."

„Habt ihr auch so schlechte Betten?", fragte ich.

„Putain! Oui!", rief der Lange. „Aber wir haben uns Matratzenmatten im Supermarkt gekauft."

„Ja! Ich hab mir gleich zwei Stück besorgt", sagte der Dicke.

„Matratzenmatten?", fragte ich.

„Oder Matratzenmatratzen", antwortete er. „Wie du willst. So Dinger für deine Matratze. Zum Drüberlegen. Also eigentlich ist es ja keine Matratze. Ach, keine Ahnung. Ich kauf mir auf jeden Fall noch eine Dritte. Ist mir immer noch zu hart. Aber jetzt bin ich so müde, das klappt auch erst mal so."

Alle drei winkten mit vorsichtigen Bewegungen und betraten dann das Gebäude, aus dem wir gerade gekommen waren. Sie schienen ebenfalls dort untergebracht zu sein.

„Gute Idee", sagte Bernhard. „Ich würde mir auch so ein Ding kaufen. Ich habe schon in weicheren Betten geschlafen."

„Weicher?!", rief ich. „Dieses Bett ist eine Foltermethode! Jeder Fakir wäre stolz auf uns. Ich brauche auch so Matratzenmatratzenmatten! Woher bekommen wir die?"

„Keine Ahnung. Lass uns erst einmal dort hingehen, wo wir gestern rausgelassen wurden. Da waren ein paar Geschäfte und eine Bank", antwortete Bernhard.

Letztere fanden wir schnell und wir versorgten uns direkt mit frischem Bargeld. Danach kamen wir jedoch nicht mehr weit, ohne vollkommen überfordert zu sein. Überall um uns herum gab es ausschließlich chinesische Schriftzeichen. Die Ortsansässigen, die wir auf Englisch ansprachen, verstanden uns nicht.

Sie nickten einfach freundlich lächelnd und sagten: „Ja, ja", was überhaupt keinen Sinn ergab und uns nicht weiterhalf. Ziellos gingen wir weiter.

Ich hätte gerne auf Google Maps nach dem nächsten Supermarkt geschaut, doch hatten wir weder Internet auf unseren Zimmern noch SIM-Karten für unsere mitgebrachten Smartphones. Die analoge Welt versuchte meinen digitalen Orientierungssinn durcheinanderzubringen. *Doch nicht mit mir!*

„Bernhard?", fragte ich. „Hast du Lust, in ein Internet-Café zu gehen?"

„Klar", sagte Bernhard. „Wo ist denn eins?"

Mist.

Wir setzten unsere Suche ohne Internet fort. Nahe der Bank fanden wir einige Geschäfte. Da wir aber die Schriftzeichen nicht lesen konnten und es häufig keine eindeutigen Schaufenster gab, gingen wir einfach in jedes geschäftstüchtig aussehende Gebäude hinein. So entdeckten wir verschiedenste Restaurants, eine Apotheke, einen Porzellanladen, Elektronikläden und einen kleinen Lebensmittelladen. Dort fühlte ich mich an Tante Emma erinnert. Hier gab es sogar Klopapierrollen einzeln in Plastik verpackt. Für den umweltunbewussten, aber zugleich sparsamen Toilettengänger. Natürlich gab es in meinem Zimmer nicht nur einen Mangel an Matratzen, sondern auch an anderen Notwendigkeiten. Also kaufte ich mir eine Rolle, da meine mitgebrachten Taschentücher fast aufgebraucht waren.

An der Kasse überlegte ich, ob man in so einem Laden über Preise feilschte. Ich sah meine Rolle Klopapier an, dann die Verkäuferin. Sie sagte etwas auf Chinesisch, ich gab ihr einen Geldschein und bekam einen anderen wieder. Das Geld überforderte mich derart, dass ich schon keine Ahnung mehr hatte, was ich nun bezahlt hatte. Ich entschied mich dazu, diesmal nicht zu feilschen. Zum Glück, denn wie ich später herausfinden sollte, war die Antwort: Man streitet sich weder um den Preis einer Rolle Klopapier noch um andere Preise im Supermarkt. Auch die chinesische Verhandlungswut hat ihre Grenzen.

Eines der erzählwürdigsten Ereignisse meines ersten Tages in China war also, wie ich mir eine Rolle Klopapier kaufte. Wahrscheinlich würde keiner meinen Erfahrungsbericht lesen wollen, dachte ich. Aber insbesondere zu Beginn eines Auslandsabenteuers stellen, durch die Sprachbarriere und durch kulturelle Eigenarten, sogar die trivialsten Alltäglichkeiten eine Herausforderung dar. Da sollte man auch mal übers … naja, Kacken reden dürfen. Wenigstens gab es hier Klopapier, was keine Selbstverständlichkeit ist. In Malaysia nutzt man gar kein Toilettenpapier, sondern seine unreine linke Hand zum Abwischen. Das hatten mir damals malaysische Austauschschüler erzählt, die ich als Freiwilligendienstler betreut hatte. *Das ist nebenbei sogar umweltbewusst, weil papiersparend*, dachte ich mir. Die linke Hand zu benutzen klang außerdem logisch, wenn man alles andere mit der rechten Hand machte. Essen zum Beispiel. Das war nur leider blöd für Linkshänder wie mich. Da konnte man auf der Toilette und am Essenstisch mal durcheinanderkommen. Endlich versuchte ich mir die seltsamen Gedanken wortwörtlich aus dem Kopf zu schlagen, was mit der weichen Rolle Klopapier in meiner Hand nur mäßig funktionierte.

Mein Magen meldete sich knurrend und Bernhards Bauch stimmte grummelnd zu. Kurzerhand betraten wir das nächstbeste Restaurant, das sich als eine große Halle mit verschiedenen Essensständen an den Seiten herausstellte. In der Mitte waren die bunten Plastikstühle zum Großteil belegt und eine Masse schwarzhaariger Geschöpfe saß über dampfende Schüsseln gebeugt. Ein Gemisch aus Schmatzgeräuschen und fremdartigen Gesprächen schwappte zu uns herüber, während nebliger Dunst durch die Luft waberte. Leckere Düfte stiegen in meine Nase und durch den intensiven Chiligeruch bekam ich einen Hustenreiz.

Wir entdeckten einen uns bekannten Japaner über eine Suppe mit Nudeln, Gemüse und Fleischeinlage gebeugt. Er hielt die Schüssel mit einer Hand nah am Gesicht und schob sich mithilfe von Stäbchen die Teigwaren im Sekundentakt laut schlürfend in den Mund. Oder waren es keine Teigwaren, sondern Reisnudeln? War das dann überhaupt noch Teig? *Verdammtes China.*

„Hey, Yuma", begrüßte ich ihn winkend.

Yuma schlürfte noch den letzten Rest Suppe und erhob sich dann grüßend. „Hallo Tobias. Hallo Bernhard", sagte er sich leicht verbeugend.

„Dein Englisch ist recht gut", sagte ich. „Wo hast du das gelernt?"

„Vielen Dank, Tobias-San", antwortete er und verbeugte sich tiefer. „Ich habe ein Jahr in den USA gelebt."

„Oh, wow. Und sprichst du auch Chinesisch? Wir kommen noch gar nicht mit der Sprache und den Schriftzeichen zurecht."

„Leider nicht. Ich bin hier zum Lernen. Aber die Schriftzeichen sind dem Japanischen recht ähnlich. Wir benutzen auch viele chinesische Zeichen."

Ich schnappte mir eine Speisekarte vom Tisch. Da alles ausnahmslos auf Chinesisch war, konnte ich nur die Zahlen lesen. Die Preise bewegten sich von 7 bis 10 Yuan. Ich empfand das als ziemlich günstig für ein Restaurant.

„Kannst du uns vielleicht sagen, was wir hier essen können?"

„Natürlich. Aber vielleicht ist es einfacher, wenn du die Bilder benutzt." Yuma zeigte auf große Abbildungen der Speisen über der Essensausgabe. *Bilder!* Es fühlte sich wie eine Erlösung an. Ich betrachtete die Fotos. Jedes einzelne war verschwommen und sah wie eine Schüssel mit Nudeln, Gemüse und Fleisch aus.

Ich zeigte auf Bild Nummer 1. „Was ist das?", fragte ich Yuma.

„Hmm, sieht aus wie Nudeln mit Gemüse und Fleisch", antwortete er.

Krass, dachte ich. Ich überlegte kurz, auch nach den Bedeutungen der Bilder 2 bis 7 zu fragen, die fast genauso aussahen. Dann war es mir jedoch egal. Ich bestellte fingerzeigend Gericht 3. Der Verkäufer lehnte sich weit nach vorne über die Theke, um zu erkennen, auf welches Gericht ich zeigte.

„鸡肉面吗?", fragte der Chinese. Ich nickte. Wenigstens etwas, was ich bereits gelernt hatte: Nicken, ohne zu wissen, was passierte.

Meine Nudeln waren das Glitschigste, was ich jemals gegessen hatte. Als Besteck gab es nur Stäbchen. Mein Essen rutschte mir andauernd von den Holzspitzen. Ich hatte das Gefühl, dass mich alle Anwesenden innerlich auslachten. Nur Yuma nicht - er lachte laut. *Wie extrovertiert*, dachte ich.

„Du hältst eines deiner Stäbchen falsch herum", sagte er grinsend und drehte das Linke von beiden herum. *Na toll.*

Eine gefühlte Ewigkeit später, nach verzweifelten Kämpfen zwischen Nudeln und Stäbchen, hatte ich es geschafft, satt zu werden. Es hatte ziemlich gut geschmeckt und zu meiner Überraschung war nur ein Teil meines Essens auf dem Tisch gelandet. Yuma hatte uns währenddessen erzählt, dass auch er den Sprachkurs besuchen würde.

Es sollte vorher sogar einen Einstufungstest geben, aber da wir alle noch gar kein Chinesisch sprachen, würden wir wohl mit dem Anfängerkurs beginnen. Außerdem erzählte Yuma uns von einem Einkaufszentrum, wo es unter anderem einen großen Walmart gab. Er war bereits heute Morgen dort gewesen. Das einzige Problem war, dass man mit dem Bus hinfahren musste.

Bus fahren? In China? Ich hatte keine Ahnung, wie das funktionieren sollte. Da war doch bestimmt alles auf Chinesisch.

„Das schafft ihr schon", sagte Yuma, als er meinen Blick sah. „Es gibt eine Bushaltestelle direkt am Eingang unserer Universität. Der Bus bringt euch zur *University of Finance and Economics*. Von da aus seht ihr schon das Einkaufszentrum. Ich muss leider noch etwas erledigen, sonst hätte ich euch bringen können." Dann verabschiedete er sich von uns.

Bernhard und ich schauten uns an.

„Bus fahren?", fragte ich.

„Bus fahren!", sagte Bernhard.

Kapitel 6

Busfahren und Matratzenmatten

Es ist wirklich immer noch Samstag, 1. März 2014. Einkaufszentrum in Dalian, China.

Wir sahen auf den Busfahrplan. Auf den chinesischen Busfahrplan. Er war auf Chinesisch.

„Was meinst du, welche ist unsere Haltestelle?", fragte ich.

„Vielleicht die mit dem geschnörkelten Zeichen da", antwortete Bernhard und zeigte irgendwo auf den Fahrplan. Alle Schriftzeichen sahen für mich gleich aus.

„Welches meinst du?", fragte ich.

Bernhard kniff die Augen zusammen. „Keine Ahnung. Ich finde es nicht mehr wieder", sagte er dann. „Alle Schriftzeichen sehen für mich gleich aus."

Na, immerhin sind wir uns einig, dachte ich.

„Da kommt der Bus", sagte ich nervös.

„Ist das unser Bus?", fragte Bernhard.

„Fährt hier überhaupt ein anderer Bus?", fragte ich zurück.

Der etwas in die Jahre gekommene Linienwagen hielt an und die Türen öffneten sich. Ein paar Chinesen stiegen vor uns ein.

„Wo kauft man denn ein Ticket?", fragte ich.

„Weiß ich nicht", sagte Bernhard.

Die einsteigenden Chinesen warfen Scheine in eine kleine Box direkt beim Fahrer. Ich vermutete, es waren jeweils zwei Yuan. Die fettgeschriebene „2" auf der Box war [illegible]enfalls ein Indiz. Also machte ich Bernhard darauf auf- [illegible]m und kramte gleichzeitig in meiner Hosentasche. [illegible]Yuan. Ich stieg ein, warf zwei 1-Yuan-Scheine [illegible]d der Fahrer ließ mich passieren.

„Tobi?", fragte Bernhard mit hoffnungsloser Stimme. Ich drehte mich um. Er wedelte verloren mit einem 50-Yuan-Schein. Der Fahrer rief erregt auf Chinesisch und fuchtelte mit den Armen. Ich ging den kurzen Weg zurück, warf halb verdeckt den einen mir verbliebenen Yuan in die Box und Bernhard schob sich am Fahrer vorbei. Der zuckte mit den Schultern, schloss die Türen und fuhr los.

„Und jetzt?", fragte ich.

„Jetzt? Jetzt fahren wir Bus!", antwortete Bernhard und setzte sich.

Entgegen meiner Erwartung waren noch viele Sitzplätze frei und ich ließ mich erschöpft auf den Platz neben Bernhard fallen. Ich war sehr, sehr müde und schaute gedankenverloren aus dem Fenster. Mausgraue Betonbauten umschmiegten einander horizontweit in trickreicher Tristesse. Der holprige Asphalt malträtierte unser Gefährt, die harten Stöße spürte ich bis in die Knochen. Dann bremste der Bus mehrmals ruckartig und mein Kopf wackelte vor und zurück. Wir hatten eine Haltestelle erreicht. Vereinzelte Menschen verließen und andere bestiegen den Bus. Das Ganze wiederholte sich mehrmals, wie es sich für ordentliches Busfahren gehörte. Mit jedem Stopp wurde ich nervöser, da mir unser genaues Ziel immer noch unbekannt war. Weder die blecherne Durchsage noch die Anzeige mit chinesischen Schriftzeichen halfen mir bei unserer Zielfindung.

Wir bogen scharf rechts ab und kamen auf eine etwas breitere Straße. Die Gebäude veränderten sich. Die zuvor schmucklosen Bauten erhielten nun durch Leuchtreklamen einen farbigen Anstrich. Wir fuhren an Banken und Restaurants vorbei. Den allgegenwärtigen Fastfood-Ketten Pizza Hut und Burger King konnten wir offensichtlich auch hier nicht entkommen. Rechts vor uns kam ein großes, gläsernes Gebäude in Sichtweite. Es sah wie ein Einkaufszentrum aus. Das musste es sein! Ich wurde von neuem Adrenalin geweckt und entkam so endgültig meinem Dämmerzustand. Bernhard und ich sahen uns wortlos an, warteten die Ruckler vom Bremsen ab, und sobald sich die

Türen öffneten, stiegen wir aus. Ich blieb auf dem Bürgersteig stehen und sah mich verloren um.

„Meinst du, wir sind hier richtig?", fragte ich.

„Ich glaube schon. Guck mal", sagte Bernhard und zeigte auf das Schild der Haltestelle direkt über uns. Alle Stopps waren auf Englisch ausgewiesen und auf dem Fahrplan prangte dick der Name *University of Finance and Economics*.

„Ihr wollt uns doch verarschen", fluchte ich. Ich besah die mir zugewandte Seite des Planes. Dann ging ich herum und schaute mir die Rückseite an. Dort war alles auf Chinesisch.

„Das kann doch nicht wahr sein! Sind wir so dumm?", fragte ich rhetorisch. Bernhard lachte. Dann besah ich mir die Wörter genauer.

„Aber dein geschnörkeltes Schriftzeichen war falsch", rief ich auf die chinesische Seite zeigend. „Der Name dieser Haltestelle sieht ganz anders aus."

„Tut er nicht", antwortete Bernhard. „Ich lag genau richtig."

„Echt jetzt?"

„Na klar. Ist ja nicht so, als könnte ich dir jeden Quatsch erzählen, weil wir beide keine Ahnung haben", sagte er grinsend.

„Ach, hör auf mich zu verarschen. Ich bin zu müde für den Quatsch", sagte ich seufzend. „Besorge mir lieber einen Kaffee."

„Kaffee? Ich bin dabei!", sagte Bernhard.

Er stapfte zielgerichtet und schnellen Schrittes auf das große Glasgebäude zu, das sich tatsächlich als das von uns gesuchte Einkaufszentrum entpuppte. Ich schlurfte müde hinterher. Wie konnte er nur so energiegeladen sein? Sobald ich es ausgesprochen hatte, sehnte ich mich nach ei-
[illegible] Kaffee. Es würde der erste seit meinem Abflug vor
[illegible]gen sein. *Moment!* War es erst zwei Tage her, dass
[illegible] Deutschland gewesen war? Es kam mir bereits
[illegible]st so, als könnte ich mehrere Kapitel ei-

nes Buches mit meinen bisherigen Erlebnissen füllen. Nicht, dass schon etwas Besonderes vorgefallen wäre. Es war einfach dieses Gefühl der Fremde und der Überforderung, das mich hier permanent überkam. Bestimmt wurde aus etwas so Trivialem wie einen Kaffee zu bestellen oder unseren ersten Supermarkt zu erkunden ebenfalls ein Abenteuer. Oh mein Gott, wie sollte ich denn auf Chinesisch einen Kaffee bestellen!? Ich ging schneller und holte Bernhard nach wenigen Schritten ein.

„Bernhard, was heißt Kaffee auf Chinesisch?", fragte ich.

"Wir werden es gleich herausfinden", antwortete er und zeigte auf einen Starbucks vor uns. *Wie antiklimaktisch*, dachte ich, *die sprechen doch bestimmt Englisch.*

Wir betraten den grünen Laden amerikanisch angepriesener Bohnenvielfalt und stellten uns an die Theke. Bis auf fünf Mitarbeiter war der Laden leer. Wir wurden sofort von einem jungen Mann begrüßt. Sein Namensschild wies ihn als 汪成鸿 aus. „Willkomme in Staabags. Was tinken, bitte?", sagte er freundlich auf Englisch mit einem starken, jedoch noch verständlichen Akzent.

„Einen regulären Kaffee mit Milch, bitte", sagte Bernhard.

„Für mich auch", sagte ich.

„Zuai Ka Fei", sagte der Mitarbeiter nickend. „Name?"

„Bernhard", sagte Bernhard.

„Belhald?", fragte 汪成鸿.

Nicht schon wieder, dachte ich. Doch Bernhard nickte einfach. Ich sagte ebenfalls meinen Namen, der anscheinend direkt verstanden wurde, und wir durften uns hinsetzen.

汪成鸿 machte sich daran, unseren Kaffee zuzubereiten, während die anderen vier Mitarbeiter hinter der Theke standen und mit ihren Handys beschäftigt waren. Ich betrachtete sie gedankenverloren. Spielten sie Handyspiele?

Nach kurzer Zeit rief 汪成鸿 laut in den Raum: „Belhalt, Tupis!"

Der Ruf schallte im leeren Foyer von den Wänden wider und wir blickten uns um. Bernhard und ich waren immer noch die einzigen Gäste. Wir gingen zur Ausgabe, nahmen unsere Becher mit den Aufschriften „Bareheart“ und „Topiss“ in Empfang und verließen den Laden. *To piss? Ernsthaft?* Ich nippte an meinem Becher, der in ein gerilltes Pappröhrchen eingewickelt war, und verzog überrascht mein Gesicht.

„Uargh!", rief ich.

„Was ist?", fragte Bernhard.

„Das Zeug ist pappsüß", sagte ich. Ich entfernte den Plastikdeckel und sah in tiefschwarze Finsternis. „So viel zu Kaffee mit Milch. Das ist wohl eher Zucker mit Kaffee", sagte ich verärgert.

Bernhard nippte an seinem Getränk. „Jap. Zucker mit Kaffee", sagte er zustimmend. „Auch lecker."

Wir entschieden uns dazu, die Getränke zu behalten, da wir unsere Beschwerde womöglich nicht hätten verständlich machen können. Bernhard schien das Zeug sogar zu mögen. Auf jeden Fall kam Kaffee mit Milch nun auf meine Survival-Chinesisch-Lernliste. Ganz nach oben.

Innerhalb kürzester Zeit wurde ich durch die Koffein- und Zuckerkombination wach und aufgedreht. Wir gingen durch das Einkaufszentrum, das sich architektonisch gesehen nicht von denen in Europa unterschied. Die Atmosphäre hingegen war anders. Die chinesischen Schriftzeichen an jeder Ecke, teils fremdartige Läden mit Pandabären-Outfits, laute und blinkende Spielhallen sowie überall herumlungernde Mitarbeiter vor den Eingängen wirkten fremd. Auch diese Angestellten schienen aufgabenlos an ihren Handys zu spielen.

Den Walmart fanden wir im Untergeschoss. Auf meiner imaginären Einkaufsliste stand ganz oben immer noch die Matratzenmatratzenmatte. Außerdem suchte ich nach einem Wasserkocher, um mir in meinem Zimmer Tee oder Kaffee machen zu können. Darüber hinaus wollte ich etwas zu essen besorgen, um nicht ständig zu den Restaurants laufen zu müssen, wo ich die Speisekarten sowieso nicht verstand.

In einem der ersten Gänge fand ich Wasserkocher und blieb vor dem Regal stehen. Plötzlich hatte ich eines der Geräte in meinem Gesicht kleben und ein Schwall chinesischer Worte ergoss sich über mich. Ich zuckte zurück und sah eine chinesische Mitarbeiterin, die mich nickend anlächelte und das Erhitzungsgerät in ihren Händen heiß anpries. Kaum hatte ich mich einen Schritt nach hinten bewegt, ging sie auch schon einen Schritt vor und hielt mir den Wasserkocher erneut unter die Nase. Was sollte ich tun? Schnuppern? Ich roch tatsächlich daran. Mein Geruchssinn verriet mir, dass das Behältnis leer zu sein schien. Zur Bestätigung schielte ich nach unten in das Gefäß. Ja, es war leer. Schön.

Die Frau plapperte munter weiter, entzog mir das Gerät wieder und stellte es zurück ins Regal. Dann schnappte sie sich ein anderes. Ich machte vorsorglich wieder einen Schritt zurück, doch es half nichts. Die Mitarbeiterin folgte mir, hielt das neue, diesmal gläserne Gefäß unter meine Nase und redete weiter. Ich verstand nichts. Hilflos drückte ich den Wasserkocher aus meinem Gesicht, blickte schnell auf die Preise der anderen Geräte im Regal und schnappte mir kurzerhand das günstigste für 35 CNY. Kaum hatte ich eine Packung in der Hand, nickte die Frau, stellte das durchsichtige Behältnis zurück zu den anderen Ausstellungsstücken und entfernte sich wieder.

„Was zur Hölle?", wunderte ich mich leise fluchend. Ich ging langsam weiter. Da ich die Blicke der Mitarbeiterin in meinem Rücken zu spüren glaubte, traute ich mich nicht zurück an das Regal, um die Produkte in Ruhe zu vergleichen. Stattdessen betrachtete ich die Packung in meiner Hand. Es schien mir ein solides Gerät zu sein. Made in

China stand drauf. *Unter den gegebenen Umständen ergab das ausnahmsweise einmal Sinn*, dachte ich grinsend.

Gedankenschwer ging ich weiter und freute mich dabei, dass ich meine Erfahrung von eben nicht am Regal für Tennisschläger oder gar Staubsauger gemacht hatte. Wer weiß, wie mir diese Geräte demonstriert worden wären. Ich stellte mir ein chinesisches Gespräch vor:

„Einmal das Gesicht durchsaugen, bitte."

„Aber natürlich, der Herr."

Whooaarrrr.

„Ist die Stufe genehm?"

„Bitte ein bisschen härter saugen."

WWHOOAAARR!

Ich sollte lieber einen Bogen um die Elektrogroßgeräteabteilung machen, dachte ich. *Und weniger Kaffee mit Zucker trinken.*

Bernhard kam mit einem noch leeren Einkaufswagen um die Ecke und ich legte den Wasserkocher hinein. Dann schlenderten wir an den nächsten Regalen entlang und endlich kam sie herangeschwebt wie eine zarte Zuckerwattewolke, mein Hort zum Träumen, mein Fanal glücklicher Nächte: die Bettenabteilung. Wir zögerten nicht lange und schnappten uns jeweils ein Kissen, eine Decke und schlussendlich, mit großer Genugtuung und zitternden Händen, eine Matratzenmatte. Es war zwar keine richtige Matratze, sondern nur eine knapp 5 cm dicke Matte, die man noch am ehesten mit Auflagen für Gartenliegen vergleichen konnte, aber alles war besser als dieses bambusartige Bettgestell, das mich höhnisch lachend im Studentenwohnheim erwartete.

Die Matten waren einzeln über unseren Köpfen ausgestellt und im unteren Regal zu kleinen Paketen zusammengerollt. Wir konnten sie so zwar nicht testen, aber immerhin ausgepackt betrachten. Mit ihnen füllte sich unser Einkaufswagen bereits fast zur Gänze.

Wir gingen weiter. Im hinteren Teil des Marktes zeigte sich uns eine völlig neue Welt des Lebensmittelhandels. Es gab Schweinsköpfe, Gedärm, undefinierbare, abgehackte Füße, Hühnerkrallen und riesige Aquarien voll mit Fischen. Letztere wirkten so, als wären sie schon halbtot. Sie hatten kaum Platz in ihren gläsernen Käfigen und ich wartete vergeblich darauf, dass einer der Fische heraussprang und zappelnd auf dem Supermarktboden sein Leben aushauchte. Vielleicht waren sie auch einfach nur genauso müde wie ich. Zum Glück hatten die Fische keinen Kaffee im Tank.

Je weiter wir gingen, desto weniger Platz gab es in den Gängen. Die Nahrungsmittelabteilung war derart stark besucht, dass wir uns plötzlich durch regelrechte Menschenmassen manövrieren mussten. Das kam überraschend für uns, da der Rest des Supermarktes fast leer gewesen war.

Ich fühlte mich beengt und unwohl. Auch die fremden Lebensmittel und glotzenden Schweinsaugen trugen nicht gerade zur Erhöhung meiner Stimmung bei. Trotzdem versuchte ich, Lebensmittel zu kaufen, und kämpfte dabei erneut mit den Schriftzeichen. Nach einer Weile hatte ich erfolgreich einige Taschentücher, Schwämme und Erdnüsse in den Einkaufswagen gelegt; ein solider Einkauf. Doch an so etwas wie Seife oder grundlegenden Lebensmitteln scheiterte ich kläglich. Kurz überlegte ich, für mein Zimmer einen kleinen Kühlschrank zu kaufen, verwarf die Idee jedoch schnell wieder. Für ein einziges Semester brauchte ich keinen Kühlschrank.

Dann hatte ich ein kleines Erfolgserlebnis. Im Kühlregal erkannte ich die Schriftzeichen für Milch: 牛奶. Wenn ich mich richtig erinnerte, wurde es „niu nai“ ausgesprochen. Ich hatte die Vokabel noch am Morgen im Übungsprogramm gelernt. Da fiel mir ein, dass ich dieses Wort im Starbucks hätte ausprobieren können. *Verdammt.* Da war er, der Unterschied zwischen passivem und aktivem Wortschatz. Trotzdem wollte ich mein Erfolgserlebnis mit Bernard teilen. Okay, okay, ich wollte etwas angeben.

„Guck mal, Bernhard", sagte ich und zeigte auf die Milchpackung. „Weißt du, was das ist?"

„Milch", sagte er.

Ich war überrascht. „Woher weißt du das? Hast du auch schon die Schriftzeichen gelernt?", fragte ich.

„Ne, aber da ist eine Kuh auf der Packung." Er zeigte auf das glücklich dreinschauende Tier. Ich brauchte dringend Schlaf.

Die Kuh erinnerte mich an die Schweinsaugen ein paar Regale weiter. Mich überlief ein Frösteln. Als ich dann auf den Preis von 15 CNY schaute, was ein halber Wasserkocher oder zwei Mahlzeiten im Restaurant waren, entschied ich mich gegen die Milch. Außerdem hatte ich mich ja gegen einen Kühlschrank entschieden. Die Vokabel „niu nai" wollte ich mir aber merken.

Wir bezahlten an der Kasse und alles wurde von einem Einpacker am Ende des Kassenbandes in Plastiktaschen verstaut.

Da seit unserem Mittagessen einige Zeit vergangen war, meldeten sich unsere Mägen. Oder zählte es als Frühstück, weil es für mich kurz nach dem Aufstehen gewesen war? Mein Körper war noch ganz durcheinander.

Um die Essensprozedur für uns etwas einfacher zu gestalten, gingen wir zu dem Pizza Hut, den wir vom Bus aus gesehen hatten. Dort schien alles erstaunlich westlich ausgerichtet. Die Speisekarte war bebildert und ins Englische übersetzt. Sogar die Preise waren mit knapp 100 CNY, also 14 € pro Pizza, sehr vertraut. Doch abgesehen vom etwas dürftig aufgetragenen Belag war das Essen dafür erstaunlich gut. Solch einen kulinarischen Abstecher wollten wir bei dem zehnfachen Preis gegenüber anderen Menüs jedoch nicht so häufig unternehmen. Trotzdem tat die Pizza nach all den fremden Eindrücken sehr gut.

Gesättigt machten wir uns auf den Heimweg. Schlauerweise hatten wir einige 1-Yuan-Scheine aufbewahrt, um die Nahverkehrstickets bezahlen zu können. Im Bus öffnete ich als kleinen Nachtisch meine Erdnusspackung. Ich nahm eine Handvoll in den Mund und kaute. Doch mit einem plötzlichen Hustenanfall spuckte ich die Hälfte beinahe auf meinen Vordermann und meine Augen begannen zu tränen. Mein Mund brannte lichterloh. Ich besah mir die Packung genauer. In einer Ecke entdeckte ich ein paar Chili-Symbole. Normalerweise esse ich recht scharf, aber diese Nüsse waren für mich ungenießbar. Verdammt, wenn ich nicht ständig zu Pizza Hut gehen wollte, musste ich noch einiges über das hiesige Essen lernen.

Beim Verlassen des Busses ließ ich die Erdnüsse auf dem Sitz liegen. Bernhard und ich gingen zurück zum Wohnheim. Die Sonne war bereits untergegangen. Ich hoffte, dass meine Matratzenmatte die kommende Nacht erträglicher machen würde.

Kapitel 7

The Great Firewall

Sonntag, 2. März 2014. ~~Weltweites~~ Chinesisches Netz.

Ich hatte ein Lokal im europäischen Stil gefunden und fühlte mich direkt heimisch. Die Wände waren zum Großteil mit Bücherregalen besetzt und die freien Stellen mit Frankreich-Postern aufgefüllt. Es war interessant, wie mich Bilder aus Frankreich an meine Heimat denken ließen. Alles, was mit Europa zu tun hatte, verband ich mit zu Hause.

Meinen Milchkaffee hatte ich auf Chinesisch bestellt. „Ka Fei Niu Nai", hatte ich gesagt. Die Kellnerin hatte wissend genickt und ich konnte mich über meine neuen Sprachfertigkeiten freuen. Nun saß ich in einer Nische und wartete auf mein Getränk. Meine Laune war besser als die Tage zuvor, da ich mit der neuen Matratzenmatte endlich gut geschlafen hatte.

Nach kurzer Zeit wurde mir eine Tasse mit dampfendem Inhalt gebracht: tiefschwarzer Kaffee ohne Milch. Ich nippte daran. *Jap, zuckersüß wie Hundewelpen.* Das war ein untrügliches Zeichen meiner Verlorenheit im chinesischen Kulturdschungel und niederschlagender Beweis meiner mangelnden Sprachkenntnisse. Das Nicken der Kellnerin war also wieder nur ein freundliches Gedankenspiel gewesen à la: „Oh Gott, ein Weißer spricht mich auf Englisch an! Das kann ich doch nicht, was soll ich tun, hat er Kaffee gesagt? Okay, einfach freundlich nicken. Puh, er geht weg. Geschafft. Jetzt mal einen Kaffee machen, ordentlich Zucker rein, das freut ihn bestimmt." *Verdammtes China.*

Immerhin hatte ich hier Zugriff auf W-LAN. Es war mein dritter Tag im Reich der Mitte und ich konnte nach einer gefühlten Ewigkeit das erste Mal ins Internet. Ich freute mich darauf, meinen Freunden von meinen ersten Erlebnissen zu berichten. Also tippte ich „www.faceboo-k.com“ in das Eingabefeld und drückte auf Enter. Mein Monitor gab mir eine frustrierende Antwort:

> **Die Seite kann nicht angezeigtwerden.**
> Vergewissern Sie sich, dass die Webadresse
> https://www.facebook.com stimmt.
> Suchen Sie die Seite mit Ihrer Suchmaschine.
> Aktualisieren Sie die Seite in ein paar Minuten.

Ich überprüfte meine Eingabe nach Tippfehlern, doch alles war richtig geschrieben. Also probierte ich es erneut und erhielt die gleiche Fehlermeldung. Komisch.

Schließlich öffnete ich Google und suchte nach Facebook.[1] Nach einer kurzen Recherche wurde ich fündig: Offenbar hatte die chinesische Regierung eine „Great Firewall“ errichtet, um regierungskritische Inhalte zu zensieren und Informationen umzulenken. Dabei wurden einige ausländische Unternehmen wie Facebook blockiert, um landeseigene Firmen mit nachgemachten Geschäftsmodellen zu stärken. Aus Facebook wurde das chinesisch geführte Renren, was ich mit „MenschMensch” übersetzte. Da Chinesisch aber eine ganz eigene Sprachlogik hat, bedeutet es anscheinend „Netzwerk für alle”. Da werde einer mal schlau draus. Aus YouTube wurde YouKu, aus Twitter Weibo und aus WhatsApp WeChat. Suchbegriffe wie „Demokratie“ oder „Menschenrechte“ wurden auf staatliche Seiten umgeleitet, wo die „richtigen” Definitionen standen. Knapp 80 % des Internets waren in China gesperrt. Ich wollte gerade schon überprüfen, ob YouPorn auch blockiert war, da erinnerte ich mich an meinen Aufenthaltsort. Ich schaute mich verstohlen um, drehte den Laptop zur

1 Mittlerweile wurde auch Google in China gesperrt und man muss auf lokale Suchmaschinen zurückgreifen.

Wand und tippte erst dann „www.youporn.com“ ins Eingabefeld.

„Alles gut?”, fragte die Kellnerin auf Englisch, die plötzlich vor mir stand. Ich schreckte hoch und fiel fast vom Stuhl.

„Ähm, ja, ja. Alles in Ordnung”, sagte ich und spürte eine Schweißperle auf meiner Stirn.

Sie lächelte verwirrt, nickte kurz und ging dann weiter, um sich nach dem Wohlbefinden anderer Gäste zu erkundigen. Ich schüttelte den Kopf über meine Paranoia, blickte auf meinen Computer und sah die gleiche Fehlermeldung wie zuvor bei Facebook. Ja, Pornoseiten waren auch blockiert. *Was wohl passiert wäre, wenn die Website geöffnet worden wäre und mich eine lautstarke Werbung begrüßt hätte? Wie gingen Chinesen wohl mit Pornos um? Und wie sollte ich ein halbes Jahr ohne überleben – in einem Land, in dem ich höchstwahrscheinlich keinen Sex haben würde?* Ich war zwar Single und damit frei, aber hier erwartete ich keine One-Night-Stands. Ich lachte unwillkürlich auf, es klang mehr frustriert als belustigt. Dann klickte ich die Seite mit der Fehlermeldung weg.

Mein Abstecher ins Internet endete somit an der großen Mauer, der Great Firewall. Das weltweite Netz war unerreichbar. *Wie sollte ich mit dieser eingeschränkten Welt umgehen*? Ich hatte zwar von der Möglichkeit gehört, die Blockade mit einem VPN-Client zu überwinden, doch wusste ich kaum etwas darüber. Das chinesische Netz hielt mich in seinen Fängen. Gedankenverloren betrachtete ich die Bücher im Regal vor mir. Zunächst hatten sie das Abtauchen in eine lyrische Welt versprochen, nun sah ich nur noch die unverständlichen, asiatischen Schriftzeichen auf den Buchrücken. Neben dem Regal prangte ein Poster mit der Aufschrift „Café au lait”.

Ich nippte an meinem pechschwarzen, gesüßten Kaffee. Nun fühlte ich mich nicht mehr heimisch, sondern gefangen in einem falschen Internet, während ich in einem schlecht kopierten französischen Café saß und das Frankreichbild sehnsüchtig betrachtete. Frustriert klappte ich meinen Laptop zu und wollte schon gehen.

Nein, das bekommst du hin! Ich hatte genügend Zeit und ausreichend Grips, um mir einen VPN-Client einzurichten. Das behauptete Mutti jedenfalls immer. Nicht das mit dem VPN-Client, sondern das mit dem Grips. Und auf Muttis sollte man hören. Apropos, die musste ich auch noch anrufen. Sie hatte bisher noch nichts von mir gehört. Aber eines nach dem anderen.

Ich klappte meinen Rechner wieder auf und erforschte die Möglichkeiten. Tatsächlich brauchte ich nicht lange, um eine Lösung zu finden. Meine deutsche Universität stellte einen kostenfreien VPN-Client zur Verfügung, um sich ins Uni-eigene Netzwerk einzuloggen. Diese Funktion war dafür gedacht, um sich wissenschaftliche Dokumente herunterladen zu können. Wie es schien, konnte man damit auch das chinesische Internet austricksen. Der VPN-Client wies mir eine neue IP zu und mein Rechner dachte nun, ich sei in Münster. Mein Internet war wiederhergestellt, Facebook und Co. waren wieder erreichbar.[2] Der einzige Nachteil war die langsame Geschwindigkeit dieser umgeleiteten Verbindung, aber das war mir nun egal. Naja, fast. Ich würde eben etwas prüder leben müssen als bisher. Für einen schnelleren VPN-Client hätte ich zahlen müssen und das war es mir nicht wert. *Noch nicht.*

Um mich auf andere Gedanken zu bringen, schrieb ich Nachrichten an meine Freunde auf Facebook und meldete mich bei meiner Familie via Skype. Letzteres war durch die langsame Verbindung außerordentlich schwierig, aber immerhin: Das weltweite Netz hatte mich wieder.

---

2 Seit 2017 werden in China vermehrt VPN-Blocker eingerichtet, um die Nutzung von Clients zu verhindern. Das führt zu Schwierigkeiten für zahlreiche ausländische Unternehmen, die auf ihr Firmennetzwerk zugreifen wollen und erschwert die Bedingungen für Erfolg in China.

Kapitel 8
Gesundheitscheck

Montag, 3. März 2014. Ein Krankenhaus in Dalian, China.

Der Fahrer fuchtelte wild mit seiner linken Faust und sprach laut in sein Handy, das er mit der rechten Hand an sein Ohr hielt. Das führerlose Lenkrad rotierte leicht und wir kamen den entgegenkommenden Fahrzeugen gefährlich nahe. Ich war ziemlich nervös, da unser Fahrer all das im dichten Straßenverkehr tat, während er nicht zu wissen schien, wo er hinfahren sollte. Er zog an der Zigarette in seinem Mundwinkel, dann balancierte er sie zwischen den Fingerspitzen und nahm das Lenkrad wieder in die Hand. Endlich.

Plötzlich fuhr er auf den Bürgersteig - ein paar Fußgänger mussten ausweichen. Er bremste ruckartig und schaltete den Motor aus. Dann schnippte er die aufgerauchte Kippe aus dem offenen Fenster, steckte sich eine neue an und stieg aus. Mein Magen knurrte und mir war schlecht. Ich sah auf die Uhr: 9.59 Uhr.

Bernhard und ich waren an diesem Morgen wie vereinbart um 8.30 Uhr am Treffpunkt für den Gesundheitscheck erschienen. Zwei verlassene Mini-Vans hatten dort abfahrbereit gestanden, ansonsten war weit und breit niemand zu sehen. Anscheinend sollte eine größere Gruppe zum Gesundheitscheck kommen, aber nur Bernhard und ich lebten das Klischee der deutschen Pünktlichkeit.

Um 8.47 Uhr kamen zwei Japaner, um 9.01 Uhr erreichten ein Somalier und drei Thailänder den Treffpunkt. Gegen 9.14 Uhr kamen fast zeitgleich drei Russen und endlich auch unsere zwei chinesischen Fahrer. Nun konnten wir in die Kleinbusse mit jeweils acht Sitzen und dem wohlklingenden Namen „Wu Ling Rong Guang“ einsteigen. Das hatte ich während der langen Wartezeit mithilfe einer App namens „Hanping“ herausgefunden, die ich mir am Vortag im Café zur Offlinenutzung heruntergeladen hatte. Wenn ich meine Handykamera über einen chinesischen Text hielt, zeigte mir das Programm die korrekte Aussprache und eine Übersetzung. Die Übertragung von „Wu Ling Rong Guang“ ins Englische hatte zwar keinen Sinn ergeben, aber ich freute mich riesig über die App, die ich für wenige Dollar erworben hatte. Sie sollte mir ab sofort in meinem Alltag helfen. Das weitere Ausprobieren musste jedoch warten, da wir erst mal den gesamten Vormittag mit nüchternen Magen beim Gesundheitscheck verbringen sollten.

Nach fast einstündiger Fahrt waren wir immer noch nicht im Krankenhaus angekommen. Unser Fahrer hatte sich verfahren und der andere Bus war bereits vor einiger Zeit unserem Sichtfeld entglitten. Damit war auch die einzige Person verschwunden, die den Weg ins Krankenhaus kannte.

Mein Magen knurrte erneut und ich war durch den Hunger leicht reizbar. Also schloss ich kurz die Augen, um tief Luft zu holen und mich zu beruhigen. Es half nicht.

Als ich meine Augen wieder öffnete, parkte der zweite Minibus auf der gegenüberliegenden Seite der sechsspurigen, stark befahrenen Straße. Er hatte die anderen Austauschstudenten bereits am Krankenhaus abgesetzt und war zu uns gekommen, um unserem Fahrer den Weg zu weisen. Der Mann blickte sich kurz um und lief dann im Zickzackkurs durch den dichten Verkehr herüber. Die Autos mussten stark bremsen und hupten laut. Nach einem kurzen Gespräch zwischen den beiden stieg der fremde Fahrer schließlich alleine in unser Auto ein, schloss die Tür und fuhr los. Unser ursprünglicher Fahrer lief schnell über die Straße zum anderen Wu Ling Rong Guang. Abgehacktes Hupen ertönte und ging in wildes, langanhaltendes Gehupe über, als der Mann mit seinem Minibus kurzerhand mitten auf der Straße wendete, um uns zu folgen. Nun dauerte es nicht mehr lange und wir erreichten das Krankenhaus.

Endlich können wir den Test hinter uns bringen, dachte ich. Dann wurden wir in den Warteraum geführt, den wir für eine gefühlte Ewigkeit nicht verlassen durften. Wir mussten warten, bis die Englisch sprechenden Betreuer ihre Runde mit der anderen Gruppe komplett abgeschlossen hatten. Mein leerer Magen hatte das Knurren mittlerweile aufgegeben. Ich schloss wieder die Augen und döste weg.

Irgendwann wurde ich durch ein sanftes Rütteln von Bernhard geweckt. Einige Personen betraten gerade den Raum. Es waren unsere Betreuer mit den anderen Studenten. Diese Glückspilze wurden nun von einem der Fahrer zurück zur Universität gebracht. Ich blickte ihnen neidisch hinterher. Für unsere Gruppe ging es jetzt erst los. Ich traute mich schon gar nicht mehr auf die Uhr zu schauen. Die Betreuer organisierten unsere kleine Truppe. Da die Englischkenntnisse unserer Assistenten von schlecht bis sehr schlecht reichten, versprach es interessant zu werden.

„Sprichst du Englisch?", fragte ich meinen Betreuer.

„Engelish!", rief er freudig nickend und machte ein Peace-Zeichen.

Könnte schlechter sein, dachte ich und nickte zurück.

Für die Untersuchungen durchliefen wir nun in unterschiedlicher Reihenfolge verschiedene Stationen, wodurch ich von den anderen Studenten getrennt wurde. Mein erster Stopp war die Urinier-Station. Ich bekam einen Schnapsglas-großen Becher in die Hand gedrückt und wurde auf eine vermeintliche Toilette geführt. Eigentlich war es eine recht luftige Kabine, die nur mit einem Stoffvorhang abgegrenzt wurde. Sie erinnerte mich an einen Umkleideraum in einem billigen Modegeschäft. Immerhin gab es keinen Spiegel an der Wand. Eigentlich gab es auch gar keine Wand. Dafür ein großes Loch im Boden, in das ich fast hineingestolpert wäre. Ach ja, das war ja eine Toilette.

Da ich lange nichts mehr getrunken hatte und mir ein Mann mit Kittel durch den halb offenen Vorhang über die Schulter blickte, dauerte die Prozedur eine Weile. Als ich den Becher dann beinahe unfallfrei befüllt hatte, wollte ich ihn verschließen und abgeben. Da ich jedoch keinen Deckel bekommen hatte, blickte ich den Arzt fragend an. Der nahm kurzerhand mein offenes, bis zum Rand goldgelb schimmerndes Behältnis entgegen und stellte es auf einen kleinen Tisch, der bereits vor Flüssigkeiten in verschiedenen Farb-Nuancen nur so strotzte. Sie reichten von glasklar über sonnenblumengelb bis karottensaftorange. Olfaktorisch hingegen waren sich alle Proben einig: Sie stanken nach Pisse. Mein Gefäß wurde noch schnell mit einem Edding beschriftet, ein mir zuvor ausgehändigter Zettel erhielt einen Stempel und schon war ich mit meiner ersten Station fertig. Das Händewaschen hatte ich übrigens nicht vergessen, sondern unfreiwillig auslassen müssen, da es kein Waschbecken gab.

Mein Betreuer führte mich von Station zu Station, die in separaten Räumen mit unterschiedlichen Ärzten durchgeführt wurden. An manchen Stopps kam ich sofort dran, an anderen musste ich eine Weile warten. Die Untersuchungen reichten von Ultraschall über eine Blutabnahme bis hin zum Seh- und Hörtest.

Am schlimmsten war das Röntgen. Nichtsahnend betrat ich den kleinen Raum, in dem ein klobiges Gerät von der Decke hing. Darunter war mit Gaffer Tape ein X auf den Boden geklebt. Hinter einem Fenster in der Wand saß eine Frau an einem Computer. Sie sprach in ein Mikrofon und über blecherne Lautsprecher wurden mir unverständliche Anweisungen gegeben. Ich stand verwirrt auf dem X und hob hilflos die Arme. Mein Betreuer war nicht zu sehen.

„Engelish?", fragte ich hoffnungsvoll und machte ein Peace-Zeichen.

Die Frau ignorierte mich und wiederholte die Anweisungen mit erhöhter Lautstärke; als würde mein Unverständnis an ihrem Dezibel-Wert liegen. Da ich nicht reagierte, klopfte sie gegen die Fensterscheibe – ich fühlte mich wie ein Äffchen im Zoo. Dann öffnete sie eine Nebentür, trat wütend in meinen Raum, packte mich grob an den Schultern und drehte mich heftig in eine bestimmte Position. Sie schrie mich dabei wütend an. Spucke benetzte mein Gesicht, aber ich traute mich nicht, sie wegzuwischen, da ich dafür meine Position hätte verändern müssen. Dann schaute sie missmutig meine Hand an: Mein Peace-Zeichen stach hoch in die Luft. Ich zog meine Finger schnell ein, dann verharrte ich ruhig. Sie nickte, ging wieder in ihren Kontrollraum und bediente einige Knöpfe. Die Maschine surrte und rotierte laut um mich herum. Nach kurzer Zeit blieb das Gerät stehen. Die Frau rief aufgeregt in ihr Mikrofon und wies mit ihrer Hand in Richtung Ausgang. Kurz zögerte ich, aber als sie wieder gegen die Scheibe klopfen wollte, flüchtete ich schnell aus dem Zimmer. Mein Betreuer kam gerade mit einem Tee zurück. Er blickte mich fragend an und machte dabei ein Peace-Zeichen. Ich überlegte kurz, ihm seine Finger zu brechen. Dann wurde ihm auch schon der gestempelte Zettel in die Hand gedrückt. Er schlürfte an seinem Tee, nickte und ging wegweisend zum nächsten Test.

Nach sechs Stationen und damit sechs Stempeln war ich endlich fertig. Ich sah auf mein Handy: 11.57 Uhr. Als Reaktion knurrte mein Magen unzufrieden. Ich wollte mir endlich etwas zu essen holen, doch meine Bitte wurde abgewiesen. Die Schicht unseres Fahrers hätte bereits um 11 Uhr enden sollen und er musste uns sofort zurück zur Universität fahren. Da er sich diesmal nicht verfuhr, verlief die Rückreise glücklicherweise erstaunlich schnell.

Auf der Fahrt dachte ich noch über die Tests nach. Ich hatte im Krankenhaus gar keine Ergebnisse erfahren. Mir war nur erklärt worden, dass ich bei negativen Resultaten des Landes verwiesen würde. Es blieb also nur zu hoffen, dass es nichts zu beanstanden gab.

Kapitel 9

Der ganz normale Bürokratiewahnsinn

Dienstag, 4. März 2014. Technische Universität Dalian, China.

83, 84, 85", sagte die Frau zufrieden und nickte. Es war eine andere Mitarbeiterin als bei unserem ersten Besuch. Sie rollte die vielen Geldscheine zu kleinen Päckchen zusammen und legte sie nebeneinander auf den Tisch. Ich fühlte mich wie bei einem Warenaustausch unter Mafiosi, doch es war nur unsere Anmeldung für den Chinesisch-Kurs.

„1, 2, 3, …", begann die Mitarbeiterin des Studierendensekretariats gerade von Neuem, als sie Bernhards Geldscheine abzählte.

„Warum muss man denn in bar bezahlen?", fragte ich Rainbow, die zwischen Bernhard und mir stand. Diesmal begleitete sie die Prozedur.

„Hast du ein chinesisches Bankkonto?", fragte sie.

„Nein", antwortete ich.

Rainbow nickte nur und schwieg.

Wir warteten, bis die Frau erneut die 85 erreichte und die Geldscheine rollenförmig gebündelt neben meinen aufstapelte.

„Gut, ich muss dann eure Liste abhaken", sagte die Mitarbeiterin.

„Welche Liste?", fragte ich.

„Ihr habt bei eurer Ankunft eine Liste mit Aufgaben bekommen, die ihr abhaken müsst", antwortete sie.

„Haben wir nicht", sagte ich.

„Doch", sagte die Frau.

Ich fühlte mich wie im Kindergarten.

„Haben wir wirklich nicht", sagte Bernhard.

Die Frau blickte kritisch, aber dann fuhr sie einfach fort: „Dann bekommt ihr jetzt eine."

Die Frau kramte in einer Schublade, zog zwei Blätter hervor und reichte Bernhard und mir jeweils eines davon. Dort stand auf Englisch fein säuberlich aufgelistet, um welche Angelegenheiten wir uns für eine erfolgreiche Immatrikulation an der Technischen Universität Dalian kümmern mussten.

Wieso bekamen wir die jetzt erst? Alles verlief hier so chaotisch, dass es bloß frustrierend war. Ich spürte den Drang, irgendjemandem zu schlagen. Doch ich unterdrückte den Impuls und besah mir stattdessen die Liste genauer. Zunächst dachte ich, wir hätten schon alles erledigt, doch ich wurde schnell eines Besseren belehrt. Außerdem fehlte uns nun die Unterschrift eines Mitarbeiters für die bereits abgehakten Punkte.

„Kreuzt einfach an, was ihr schon erledigt habt", sagte die Frau auf meine Nachfrage hin und gab uns Stifte. Wir folgten dem Vorschlag.

Als wir beinahe fertig waren, sagte die Frau plötzlich: „Ach ja. Hier ist noch eine zweite Liste. Füllt diese bitte auch aus." Wir schüttelten den Kopf über das Chaos, aber folgten gehorsam der Bitte. Das Endergebnis sah leider recht unbefriedigend aus .

Was?	**Kosten [CNY]**	**Unterschrift**
Anmeldegebühr Universität	500	
Studentenausweis inkl. 4 Fotos	70	
Campuskarte	35	
Gesundheitscheck	325	X
Krankenversicherung je Semester	300	X
Zimmer, 3 Monatsmieten im Voraus	2250	X

Was?	Kosten [CNY]	Unter-schrift
Zimmer, Schlüsselpfand	70	X
Zimmer, Versicherung je Semester	300	
Zimmer, Internet	75	
Sprachkurs	8500	X
Sprachkurs, Bücher	300	

Dann gaben wir der Frau die beiden Liste wieder. Seufzend kramte ich meine Geldbörse hervor, die ich gerade erst weggesteckt hatte.

„Das ist falsch", sagte die Frau nun in ernstem Tonfall und zeigte auf meine erste Liste. „Ihr habt die Krankenversicherung noch nicht bezahlt."

Was? Die will uns doch verarschen! Bernhard sah, wie aufgewühlt ich war, und wollte mich beruhigen, aber der ganze Frust war mir jetzt einfach zu viel.

„Jetzt hört mir mal mit dem Scheiß auf!", rief ich aufgebracht. „Erst gebt ihr uns die Listen nicht. Dann müssen wir immer mehr und mehr Dinge bezahlen. Jetzt sollen wir etwas noch mal begleichen, was wir bereits bezahlt haben. Und beweisen können wir es nur nicht, weil alles so chaotisch läuft. Ich hab keinen Bock mehr auf den Mist! Mir wurde in Deutschland erzählt, ich muss nur den Sprachkurs bezahlen. Jetzt kommen mit jedem Tag mehr Gebühren dazu. Es reicht mir!"

Stille herrschte im Raum. Die Frau blinzelte mich mehrmals an. Sie zögerte kurz und nickte dann.

„Okay", sagte sie nur.

„Gut", sagte ich hinter zusammengepressten Zähnen. Anscheinend half es in China, wenn man sich lautstark beschwerte. Irgendwie erinnerte mich mein Wutanfall an die

Dame vom Röntgen. Eigentlich war ich eine sehr gelassene Person, hatte ich gedacht. *Passte ich mich kulturell an oder war ich einfach überfordert?* Beide Vorstellungen gefielen mir nicht besonders, also versuchte ich mich wieder zu beruhigen.

Wir bezahlten die noch offenen Posten und machten Fotos für unsere Anmeldung. Die Campuskarte und den Zugang ins Internet mussten wir uns in einem anderen Büro holen. *Natürlich.* Rainbow versprach, uns direkt dort hinzuführen. Außerdem wollte sie uns helfen, für unsere Handys eine lokale SIM-Karte zu kaufen, damit wir mobil erreichbar waren.

Als wir alle anderen Punkte abgehakt hatten, wollte ich gehen. Doch die Frau hielt uns auf.

„Ihr müsst noch euer Visum ändern. Das hattet ihr falsch beantragt."

Nicht schon wieder, dachte ich nur.

„Ich habe mir das angesehen", fuhr sie fort. „Ihr habt ein X1 Visum für ein ganzes Jahr. Aber ihr bleibt nur für ein Semester. Ihr hättet ein X2 Visum beantragen müssen. Jetzt braucht ihr eine Aufenthaltsgenehmigung innerhalb eures X1 Visums, die nur bis Juli gilt. Das kostet 750 CNY."

Ich gab auf. Ich war gebrochen. Mein Geduldsfaden war mit einer Heckenschere in tausend Stücke zerhäckselt. Ich dachte, deutsche Bürokratie wäre sinnlos und langwierig. Das Erlangen des Passierscheins A38 war dagegen so einfach, wie die Bauweise eines Regals, wenn man von vier Fächern drei wegsägte. Oh je, selbst der schlechteste Vergleich der Geschichte half mir nicht in meinem Gemütszustand. Ich bezahlte entnervt für das Visum und verließ das Gebäude.

Meine Zimmertür rastete mit einem leisen Klacken ein und ich lehnte mich erschöpft dagegen. Nach dem Bürokratiewahnsinn im Studierendensekretariat war der Gang ins Campusbüro erstaunlich zivilisiert verlaufen. Wir hatten eine Nummer ziehen müssen und waren recht schnell an die Reihe gekommen. Dann hatten wir eine Campuskarte erhalten. Wenn wir diese ausreichend aufluden, konnten wir damit in der Mensa bezahlen oder in Kopierläden die Drucker nutzen. Außerdem hatten wir jeweils einen Zugangscode passend zu unserer Zimmernummer erhalten. Damit sollten wir uns ins W-LAN des Wohnheims einloggen.

Also setzte ich mich nun an meinen Schreibtisch und fuhr meinen Laptop hoch. Im Internet wollte ich dem chinesischen Alltagswahnsinn für einen Moment entfliehen. Ich gab Zimmernummer und Passwort ein und eine Box poppte auf: NO CREDIT. Ich versuchte den Code noch einmal und erhielt die gleiche Nachricht.

Aber ich hatte doch gerade mein Konto mit 75 CNY aufgeladen? Zum Glück hatten wir mit Rainbow eine lokale Handynummer besorgt. Ich packte die SIM-Karte aus und manövrierte mich durch die zunächst chinesischen Anweisungen, bis ich die Sprache erfolgreich wechseln konnte. Dann rief ich Rainbow an. Eine weibliche Stimme sagte etwas mir Unverständliches auf Chinesisch.

„Rainbow?", fragte ich. „Hier ist Tobias."

„Ah, Tobias! Ja hallo." Bevor ich etwas erwidern konnte, fuhr sie fort: „Ich habe schon versucht, dich anzurufen. Es gibt eine gute und eine schlechte Nachricht."

„Was denn?", fragte ich nervös.

„Die gute Nachricht ist, das Internet in deinem Zimmer wurde nicht mit 75 CNY, sondern mit 150 CNY aufgeladen. Die schlechte Nachricht ist, das Internet in Bernhards Zimmer wurde mit 0 CNY aufgeladen."

„Da ist doch nichts Gutes dabei", sagte ich. „Das ist einfach nur falsch. Außerdem verstehe ich das nicht. Ich wollte mich gerade einloggen, aber mein Rechner sagt nun, ich hätte kein Guthaben."

„Oh", sagte Rainbow. „Wieso das?"

„Keine Ahnung", sagte ich grübelnd. „Obwohl … Bernhard und ich hatten am Anfang die falschen Zimmerschlüssel bekommen. Ich bin jetzt in Bernhards Zimmer."

„Super!", sagte Rainbow freudig. „Dann ist das Rätsel ja gelöst. Dann hast du jetzt kein Internet. Aber keine Sorge, in ein bis zwei Wochen sollte das Problem behoben sein."

Ich schlug mit meiner Stirn mehrmals auf die Tischplatte.

„Ach, übrigens, bevor ich's vergesse: Am 10. März beginnt euer Sprachkurs. Aber heute habt ihr schon euren ersten Tag an der Wirtschafts-Universität. Eure MBA-Kurse finden dienstags und donnerstags abends sowie samstags den ganzen Tag über statt, da dieses Studium für Chinesen berufsbegleitend ist. In zwei Stunden holt euch ein Kommilitone in Downtown ab. Da ist der Wirtschaftscampus. Die Fahrt mit dem Bus dauert ungefähr eine Stunde von euch aus. Ich habe euch euren Stundenplan und die Fahrtbeschreibung soeben gemailt."

„Moment, wir haben jetzt gleich schon Uni-Kurse? Und wie soll ich so schnell die E-Mail öffnen? Ich habe doch kein Internet auf meinem Zimmer."

„Du hast doch jetzt Internet auf dem Handy", sagte Rainbow und lachte.

Ich resignierte. Wieder einmal. Ob meine neue Versicherung für das Zimmer wohl eine mit dem Kopf durchgeschlagene Tischplatte ersetzte?

1. Zwischenspiel
Die Zuhörer

Heute. Köln, Deutschland.

Entschuldigung", meldet sich Peter zu Wort. „Ich wollte dich nicht unterbrechen, aber ich hätte eine Frage." Er überlegt kurz. „Was du über China erzählst, schreckt mich total ab. Ich meine, unsere Nachrichten überschlagen sich ja nicht gerade mit positiven Meldungen über das Land. Aber es war doch bestimmt nicht so chaotisch und schlimm, dass du mit deinem Kopf den Schreibtisch durchschlagen wolltest? Das erscheint mir doch etwas übertrieben."

„Nun", sage ich gedehnt, lege das Buch zur Seite und tippe mir gedankenverloren an die Nase.

„Wie ja anfangs schon angedeutet ist das hier kein puristischer Reisebericht, keine How-to-Anleitung und auch kein nackter China-Guide. Das hier ist eine Geschichte, basierend auf meinen eigenen Erfahrungen. Was heißt das also? Der Grundstock meines Buches ist wahr. Ich würde sogar so weit gehen, dass prinzipiell alles in dieser Geschichte so oder zumindest so ähnlich vorgefallen ist. Es ist wie das Übersetzen der englischen Dialoge ins Deutsche: Nur weil ich durch die Anpassung einiger Details alles verständlich und spannend darstellen möchte, ändert sich nichts am tatsächlichen Wahrheitsgehalt. Ich versuche alles so getreu wiederzugeben, wie es mir möglich ist. Dafür habe ich in China ein Tagebuch und einen Blog geschrieben und viele Fotos gemacht. Ich habe also ausreichend Material als Grundlage. Damit hätte ich auch einen halbwegs passablen China-Guide schreiben können."

„Wieso hast du das nicht?", fragt Peter.

„Anleitungen gibt es bereits genug, außerdem bin ich durch ein Semester in China noch lange kein Experte dieser diversen Kultur. Ich wollte einfach eine Geschichte erzählen."

„Das erklärt immer noch nicht, warum du so viele Probleme hast, aber Bernhard ganz entspannt wirkt."

„Ach Peter, du kennst mich doch. Ich bin ein gefühlsbetonter Mensch und sauge neue Eindrücke in mich auf. Ich war während meiner ersten Tage immens verzweifelt und eingeschüchtert. Ich fühlte mich verloren, hilflos und allein gelassen. Für mich hat sich das alles genau so angefühlt. Ist meine Geschichte falsch? In Bernhards Augen sicherlich. In meinen Augen nicht. Denn für jeden fühlt sich die Realität anders an. Du willst nach China gehen? Mach es! Verlasse deine Komfortzone und sieh dieses Land mit eigenen Augen, bilde dir dein eigenes Urteil. Erlebe deine eigenen Schönheiten genau wie deine eigenen Schwierigkeiten. Mach deine eigenen Erfahrungen. Das ist immer noch die schönste aller Möglichkeiten. Viele sind nach China gereist und dortgeblieben. Andere nicht. Jede Erfahrung ist anders. In China sagt man, wenn man die ersten sechs Monate überlebt, hat man das Gelbfieber durchgestanden."

Ich mache eine kurze Pause, erhebe meinen Zeigefinger und grinse.

„Wenn ich also darf, möchte ich euch ein Bild meines ganz individuellen Auslandssemesters malen. Und wenn ich zur Unterstreichung meiner Realität in einigen kleinen Details übertreiben muss, dann mache ich das. Jede gute Geschichte verdient es, ausgeschmückt zu werden. Denn wie sonst könnte ich meine Hilflosigkeit, Überforderung und meine Sorgen in eure Herzen hineintragen?"

„Wenn ich nach China gehe, möchte ich mich nicht so schlecht fühlen. Ich wäre lieber genauso gut drauf wie Bernhard." Peter grinst und blickt mich fragend an. „Kannst du nicht Bernhard fragen, ob er auf ein Bier vorbeikommt und seine Sichtweise darstellt?"

„Hey! Ich bin hier der Protagonist“, antworte ich grinsend. „Da diese Geschichte also aus meinen Augen erzählt wird, müsst ihr leider auch mit meinem Blick die Welt betrachten. Und der war zu Beginn meiner Reise getrübt und überfordert. Bernhard hatte vielleicht eine etwas andere Wahrnehmung. Vielleicht hat er sich bereits wohlgefühlt? Ich wusste es nicht. Ich wusste nur, dass mir zu diesem Zeitpunkt von der chaotischen Bürokratie bis hin zu den Schweinsköpfen im Supermarkt noch alles fremd war. Doch Tag für Tag verstand ich mehr.”

Kapitel 10

Der erste Unitag

Immer noch Dienstag, 04. März 2014. Wirtschaftscampus in Downtown Dalian, China.

An der Fensterscheibe zogen in die Höhe ragende Betonbauten vorbei. Mal standen die Gebäude in Reih und Glied, mal wild durcheinandergewirbelt wie ein Haufen bunter Mikadostäbchen. An die Fassaden der Wohnhäuser schmiegten sich mit Wäsche beladene Balkone, daneben harrten schmutzige Klimaanlagen untätig aus, da Dalians März nur frostige Temperaturen hervorbrachte. Durch die Stadt fegte ein eisiger Wind vom Ostchinesischen Meer und säuberte die Atemluft, sodass hier im Gegensatz zum verqualmten Peking relativ gute Luftverhältnisse herrschten. Außer man lebte direkt neben einem kohlebetriebenen, ungefilterten Kraftwerk, so wie ich. Auch wenn die Luft tendenziell sauberer war als in anderen Teilen Chinas und das Meer in der Sonne glitzerte – der Schein trog.

Ich las gerade einen Zeitungsartikel auf meinem Smartphone. Erst 2010 waren auf einer Halbinsel in Dalian zwei Pipelines eines Öllagers explodiert. Die Regierung der 6-Millionen-Einwohner-Stadt versuchte dieses Ereignis größtenteils zu vertuschen, da Dalian vorwiegend vom chinesischen Tourismus lebte. Offiziell waren 1.500 Tonnen Öl im Meer ausgelaufen und verbreiteten sich auf einer Fläche von 183 Quadratkilometern. Greenpeace schätzte die Menge jedoch auf bis zu 90.000 Tonnen.

Ich legte mein Handy beiseite und runzelte die Stirn. Das Leben in China war kein Ponyhof voll regenbogenfarbener Einhörner, sondern ein vor sich hin wuselnder Ameisenhaufen mit vielen Arbeitern. Der neue Ameisenführer war Xi Jinping, seit 2013 gewählter Staatspräsident.[3] Chinas Politik besser zu verstehen, war eines meiner Ziele für dieses Auslandssemester. Doch eines nach dem anderen, denn zunächst musste ich mich in Dalian einleben.

Am Anfang war der Bus noch angenehm leer. Das lag an der abgeschiedenen Lage unseres Wohnheims, während die Wirtschaftskurse auf einem Unigelände in der Innenstadt stattfanden. Nach einigen Stopps stadteinwärts füllte sich unser Gefährt recht schnell, ganz im Sinne des Kollektivs der hiesigen Ameisengesellschaft. Je näher wir dem Zentrum kamen, desto wuseliger wurde das geschäftige Treiben.

Sobald Bernhard und ich das Busfahren einmal verstanden hatten, wurde es auf einmal ganz einfach. An jeder Haltestelle war der Fahrplan ins Englische übersetzt, vorausgesetzt man betrachtete die richtige Seite des Schildes. Außerdem besaßen wir nun internetfähige Smartphones, die unser Leben vervollständigten. Nun, beinahe vervollständigten, denn viele Internetseiten waren aufgrund der Great Firewall gesperrt.

Die letzten Tage waren so anspruchsvoll und aufregend gewesen, dass ich noch gar keine Zeit gehabt hatte, über alles nachzudenken. Außerdem wollte ich mit Bernhard sprechen. Wie konnte er die ganze Zeit nur so gut drauf sein, während ich mit dieser großen, permanenten Müdigkeit und einer unterschwelligen Überforderung zu kämpfen hatte? Ich beobachtete Bernhard, der neben mir mit seinem Smartphone beschäftigt war, und überlegte, ihn auf seine Gefühlslage anzusprechen. Doch ich war selbst noch zu durcheinander, als dass es konstruktiv gewesen wäre. Nun musste ich meinen ersten Uni-Tag überstehen, von dem ich erst seit knapp einer Stunde wusste. Das war auch so ein chinesisches Ding: ungeplantes Chaos. Es zog sich selbstverständlich wie ein roter Faden durch meine ersten Tage

3 Anfang 2018 konnte sich Xi Jin Ping als Präsident auf Lebenszeit durchsetzen.

hier. Oder war durchgeplante Struktur einfach nur ein deutsches Ding?

Mein Gedankengang wurde von Bernhards Stimme unterbrochen: „Ich glaube, die nächste Haltestelle ist unsere", sagte er und zeigte auf sein Smartphone.

Er hatte Maps.Me, eine chinesische Navigations-App, geöffnet und verglich unseren Standort mit der Zielhaltestelle.

Ich nickte und wir quetschten uns an den dick in Winterjacken eingepackten Leibern vorbei zum Ausgang. Kaum hatten wir die einzelne Stufe beim Ausstieg überwunden, winkte uns ein junger chinesischer Mann vom Haltestellenschild aus zu.

„Guten Tag, mein Name ist Allan", sagte er auf Deutsch und schüttelte uns die Hand. Ich schüttelte sie perplex zurück und blinzelte mehrmals. *Hatte er gerade Deutsch gesprochen?*

„Ähm, Haalloo Allaan, wiie geeht ees diir?", fragte ich ebenfalls auf Deutsch. Ich sprach überaus langsam mit unnatürlich gedehnten Silben.

Allan lachte. „Gut. Danke, dass du langsam sprichst. Mein Deutsch ist nicht gut", sagte er stockend und mit holpriger Aussprache. Dennoch, sein Deutsch war besser als vieles, was ich bisher aus chinesischen Mündern auf Englisch gehört hatte. Nicht dass ich mich über das allgemein schlechte Sprachniveau beschweren wollte. Meine eigenen Versuche auf Chinesisch ähnelten den kommunikativen Fähigkeiten eines Eremiten, der sein Leben lang nicht mit Menschen interagiert hatte. Nein, ich war einfach überrascht und irritiert, dass jemand plötzlich Deutsch konnte.

„Dein Deutsch ist hervorragend", sagte ich überschwänglich. „Wieso kannst du das?"

Allan winkte ab. „Deutsch sprechen ist … Wie heißt das? Schwer?"

„Schwierig", sagte ich und nickte, während er weiter überlegte. Dann fuhr er auf Englisch fort, das noch mal besser war als sein Deutsch. Ich übersetzte automatisch in Gedanken.

„Sorry, ich habe so vieles vergessen. Ich habe vor ein paar Jahren auf unserer Partneruniversität in Münster studiert. Das war ein ähnliches Programm wie bei euch, für ein Jahr. Ihr kommt doch aus Münster, oder?"

Bernhard nickte und sagte: „In unserem Studentenjahrgang in Münster gibt es derzeit auch eine Chinesin. Aber sie hat zunächst ein Jahr Deutsch gelernt und nun macht sie den kompletten Masterstudiengang."

„Ja, das ist noch mal etwas anderes", sagte Allan. „Das können nur Chinesen, die entweder sehr reich sind, politische Kontakte haben oder hervorragende Noten. Aber lasst uns darüber nächstes Mal sprechen. Wir müssen zum Unterricht."

Er machte eine einladende Geste, ihm zu folgen, und wir stapften durch den eisigen Wind an himmelhohen Häusern vorbei.

Das hiesige Ambiente war ein gänzlich anderes als an der technischen Universität. Wo an unserem Campus gedrungene Gebäude eine weite Fläche zur Verfügung hatten, herrschten hier enge Häuserschluchten vor. Die Bürgersteige waren zugeparkt, sodass wir entweder auf die Straße ausweichen oder uns im Zickzack an den parkenden Fahrzeugen vorbeischlängeln mussten. Ich stolperte einige Male über lose, hervorstehende Steinplatten, die auf dem Bürgersteig in die Höhe ragten. Nach wenigen Metern verließen wir bereits die größere Straße, stiegen über eine kleine Mauer und gingen durch einen versteckten Innenhof.

„Das ist der schnellste Weg", erklärte Allan.

Ich hatte schon nach kürzester Zeit die Orientierung verloren. Doch mein Smartphone versprach mir die Sicherheit, dass ich den Weg in Zukunft auch alleine finden konnte, und so kümmerte mich das nicht.

Es dauerte nicht lange und der kleine Innenhof endete auf einem großen Parkplatz. Dahinter stand ein weitflächiges, dreistöckiges Gebäude, das im starken Kontrast zu den Hochhäusern stand. Über dem Eingang stand etwas in chinesischen Schriftzeichen.

„Willkommen an der Faculty of Management and Economics", sagte Allan.

Am Eingang drückte er seinen rechten Zeigefinger auf ein kleines Touchpad, ein Piepen ertönte und dann öffnete er die Tür.

„Wow, ist das ein Scanner, um uns Eintritt zum Gebäude zu gewähren?", fragte ich überrascht.

„Ach, das ..." Allan schien peinlich berührt. „Nein, die Tür ist auch so geöffnet. Der Scanner ist da, um die Anwesenheit der Studenten zu überprüfen. Ihr braucht das zum Glück nicht, ihr seid ja Ausländer."

Wir betraten das warme Gebäude. Im Vergleich zur eisigen Luft draußen war es eine Wohltat.

Ich musste auf Toilette. Immer wenn ich nervös werde, meldet sich meine Blase. Mein emotionales Chaos vom Morgen verwandelte sich langsam in nervöse Neugierde. *Wie würde wohl mein erster Unterricht sein?* Da ich nicht mitten in der Vorlesung den Raum verlassen wollte, fragte ich Allan nach dem Weg zum Klo. Er zeigte mir die Richtung und ich ging, während Bernhard und er im Gang auf mich warteten.

Der Flur lag wie ausgestorben da. Außer uns hatte ich noch keine Menschen gesehen, was wahrscheinlich an der relativ späten Uhrzeit lag. Ich schaute auf mein Handy: 16.11 Uhr. Ich erschrak kurz, da der Strategic Management Kurs bereits um 16 Uhr beginnen sollte. *Oder gab es in China auch die akademische Viertelstunde?* Ich wusste es nicht, beeilte mich aber lieber.

Auf dem WC begegnete ich einem Chinesen, der sich wohl noch mehr beeilte als ich, da er sich nicht die Hände wusch. Solche Männer gibt es wirklich überall. Ich musste an ausgelegte Erdnussschalen in Kneipen denken und es schüttelte mich. Ich schüttelte noch etwas anderes, wusch mir danach die Hände und ging schnell zu Allan und Bernhard zurück.

Der Chinese, der mir auf der Toilette begegnet war, befand sich mit den beiden im freundschaftlichen Gespräch. Als ich dazukam, strahlte er mich an, ergriff zum Gruß meine Hand und umfasste sie mit beiden Händen. Ich starrte auf den festen Griff und dachte unwillkürlich an chemische Formeln von Harnstoff.

Er wurde mir mit dem Namen Sunny vorgestellt und plapperte mich mit einem Englisch zu, das ich aufgrund des mir noch fremden chinesischen Akzentes kaum verstand. Außerdem lenkte mich sein Griff ab. Ich hatte davon gelesen, dass einige Chinesen es mit der Begrüßung per Händedruck übertrieben, da es für sie neu und die Feinheiten somit unbekannt waren. Sie begrüßten sich zumeist nur mit einem kurzen Kopfnicken. Wenn sich zwei Freunde hingegen lange nicht gesehen hatten, wurde daraus wahrscheinlich ein längeres Kopfnicken. Ein Händedruck war seltener und eine Umarmung so gut wie nicht existent.

Die richtige Zeitspanne eines Händedrucks war für manche also schwer einzuschätzen und wurde so bisweilen zu einem langwierigen Unterfangen. Das wäre ja alles nicht so schlimm gewesen, wenn mein Geist sich nun nicht die vielfältigen Komponenten menschlichen Urins ausgemalt hätte.

Nach einer gefühlten Ewigkeit ließ Sunny mich endlich los. Da wir sowieso schon zu spät zum Unterricht erschienen, sollte es auf einige Augenblicke nun auch nicht mehr ankommen. Also schickte ich die anderen vor und ging noch einmal schnell zur Toilette, um mir erneut die Hände zu waschen. In Erwartung, nun der letzte Ankömmling zu sein, betrat ich anschließend den Vorlesungsraum.

Es war ein typischer Vorlesungssaal. Vorne gab es eine Tafel, eine Leinwand für einen Beamer und ein kleines Pult. Für die Studierenden gab es kleine Klappstühle und Klapptische, die in geraden, leicht ansteigenden Reihen angeordnet waren, sodass jeder einen guten Blick hatte.

Knapp 50 Studenten füllten den wortgeschwängerten Saal. Sie redeten in ihrer melodischen, mir unverständlichen Sprache. Der Dozent war noch nicht zu sehen. Ich sah nach der Zeit - 16.24 Uhr – und setzte mich auf den freien Platz rechts neben Bernhard in einer Reihe in der Mitte. Allan saß links neben ihm.

Kurz darauf betrat der Dozent den Raum. Manche Personen haben allein durch ihre Ausstrahlung eine schnatternde Menge derart unter Kontrolle, dass bereits ihr Erscheinen zur vollkommenen Stille führt. Diesem Mann ging solch eine Fähigkeit völlig ab. Die meisten Studenten schienen ihn nicht einmal bemerkt zu haben. Anstatt mit dem Unterricht zu beginnen, gab der Professor ein Blatt herum und setzte sich daraufhin für einige Minuten still ans Pult. Er packte eine Thermoskanne mit Tee aus und trank. Ich blickte mich irritiert um und wartete.

Als mich der Zettel erreichte, war ich überrascht. Ich blickte auf eine Liste, die anscheinend die Anwesenheit der Studenten kontrollieren sollte. Neben dem Fingerscanner bereits die zweite Überprüfung. Während ich meinen Namen vergeblich suchte, sprach Allan mich an:

„Das braucht ihr auch nicht, das ist nur für die chinesischen Studenten." Er streckte mir eine Hand entgegen und ich gab ihm das Blatt.

Dann stand der Professor endlich auf und begann mit dem Unterricht. Ich schaute auf die Uhr. Gefühlt die Hälfte der Doppelstunde war bereits vergangen.

„Guten Tag und willkommen im Kurs für Strategic Management auf Englisch." Seine Aussprache war nur schwer zu verstehen. „Ich freue mich über unsere internationalen Gäste, die uns mit ihrer Anwesenheit beehren." Er zeigte in unsere Richtung und knapp 40 chinesische Studenten drehten zeitgleich ihre Köpfe.

„Vielen Dank für euer Kommen", fuhr der Professor fort und verbeugte sich leicht in unsere Richtung. Zum Saal gewandt fuhr er fort: „Wir haben dieses Semester sechs ausländische Studierende zu Gast. Als Erstes wollen wir uns vorstellen. Bitte", sagte er und zeigte auf eine Person vor mir, während er sich wieder hinsetzte.

Nach kurzer Irritation fing sich der angesprochene junge Mann wieder und stand auf. Es war der dickliche Franzose, dem ich vor wenigen Tagen an unserem Campus begegnet war. Neben ihm saßen noch weitere mir bekannte Gesichter. Ich hatte sie bis zu diesem Zeitpunkt noch gar nicht bemerkt.

Der Franzose stellte sich als Louis vor. Er kam ursprünglich aus Lyon und war nun Student der Wirtschaftswissenschaften in Clermont. Er freue sich auf das Semester, sagte er der Runde und bedankte sich höflich für die Möglichkeit, hier zu sein. Er hatte einen derart starken französischen Akzent, dass ich grinsen musste. Die meisten Chinesen schienen ihn nicht zu verstehen, nickten ihm aber nichtsdestotrotz fleißig zu.

Nach ihm kam reihum jeder von uns Ausländern dran. Der mir noch als langer Franzose in Erinnerung gebliebene Student hieß Alain und der schöne Franzose Fabien. Beide studierten ebenfalls in Clermont.

Dann kam Yuma dran, den ich bereits besser kannte. Er kam aus einer kleineren Stadt in Japan, die mir jedoch nichts sagte. Dann Bernhard, den ich schon seit Beginn meines Bachelorstudiums kannte. Zuletzt war ich an der Reihe.

Als wir mit unserer Vorstellung fertig waren, kamen stichprobenartig ein paar Chinesen dran. Mir blieb nur ihr Umgang mit Vornamen in Erinnerung:

Jeder stellte sich zuerst mit Lang Shi, Qi Wang oder Ähnlichem vor. Davon konnte ich mir überhaupt nichts merken, weswegen ich die gerade genannten Namen auch frei erfunden habe. Ich wusste auch zu keinem Zeitpunkt, wie Allan wirklich hieß. Nicht, dass er mir seinen richtigen Namen nicht verraten hätte. Er hat ihn mir sicherlich ein Dutzend Mal genannt. Aber ich konnte ihn mir beim besten Willen nicht merken. Sorry, Allan, falls du das hier jemals lesen solltest. Aber dann kam das Interessante: Nach dem chinesischen Namen nannte jeder einen zweiten, englischen Namen wie John oder Mary. Alle hatten sich etwas Derartiges ausgesucht, um mit westlichen Personen besser kommunizieren zu können. Das war für ignorante Westler wie mich durchaus sinnvoll und daher wusste ich diese Vorgehensweise zu schätzen. Manche Chinesen suchten sich aber weniger gängige Namen aus. Ich dachte an eine mir bekannte Betreuerin namens Rainbow. Vielleicht war sie ja das Resultat von meinem neuen Freund Sunny mit dem feuchten Händedruck und einer mir noch unbekannten Rainy? Ich musste über den Gedanken grinsen.

Nach der Vorstellungsrunde ging der eigentliche Unterricht los. Erst jetzt verstand ich, dass das hier gar nicht die erste Veranstaltung sein konnte, denn eine junge Frau rechts hinter mir hielt eine vorbereitete Präsentation über E-Commerce. Alle Studenten hatten bereits ein Thema ausgewählt und würden im Laufe des Semesters jeweils fünf Minuten Redezeit erhalten. Dadurch sollten neben den behandelten Themen auch die englische Sprache und das freie Sprechen geübt werden.

Die Frau las komplett von Karteikarten ab. So viel zum freien Sprechen. Das Englisch war für mich schwierig zu verstehen und so schweifte ich wieder einmal nach kürzester Zeit gedanklich ab.

Ich horchte erst wieder auf, als eine weitere Stimme sprach. Zwei Plätze links von der Vortragenden hielt sich eine andere Studentin ihr Handy ans Ohr und telefonierte lautstark auf Chinesisch. Niemand schien sich daran zu stören. Die Präsentation wurde ungerührt weitergeführt und der Professor vorne trank gedankenverloren seinen Tee.

Innerhalb weniger Wochen wurde mir klar, dass dies einer durchaus typischen Unterrichtsstunde in meinen Wirtschaftskursen entsprechen sollte.

Kapitel 11

Drogen und Visa

Mittwoch, 5. März 2014. Technische Universität Dalian, China.

Sie besitzen und nehmen Drogen? Dann kommen Sie ins Gefängnis und werden des Landes verwiesen!"

Die Polizistin vor uns sprach energisch, verkniff ihr Gesicht dabei und pochte mit ihrem rechten Zeigefinger auf das Pult. Ich musste grinsen, da das Wegsperren und gleichzeitige Verweisen des Landes doch recht unmöglich war. Außer man wurde zweigeteilt. Makaber. *So meinte sie das doch nicht, oder?* Ich schaute mich verwirrt um. Keiner schien zuzuhören. Also entspannte ich mich wieder.

Bernhard und ich saßen in einer Infoveranstaltung namens „Orientierung". Sie war für die neuen ausländischen Studierenden gedacht. Zeitpunkt und Ort hatte ich am Abend zuvor per SMS von Rainbow erhalten. Über den Inhalt oder die Dauer hatte sie nichts geschrieben.

Nun saßen wir bereits seit einer halben Stunde in einem großen Hörsaal und lauschten einer Polizistin in dunkelblauer Uniform, die uns zu den banalsten Dingen aufklärte.

„Sie fehlen unentschuldigt in Ihren Kursen? Dann verlieren Sie Ihr Studentenvisum und werden des Landes verwiesen!"

Na, das klingt schon logischer, dachte ich. Auch wenn unentschuldigtes Fehlen im Unterricht damit ziemlich heftige Konsequenzen hatte.

Die Präsentation enthielt pro Folie jeweils nur ein oder zwei Sätze. Je Sprache. Davon gab es dann sechs verschiedene, alle in unterschiedlichen Schriften. Unter Zuhilfenahme meiner internationalen Sitznachbarn erfuhr ich, dass die mir unbekannten Sprachen Chinesisch, Koreanisch, Thailändisch und Japanisch waren. Englisch und Russisch hatte ich immerhin selbst erkannt. Ich freute mich über die Sprachenvielfalt, auch wenn erschreckenderweise nur das Englische die mir bekannten lateinischen Buchstaben nutzte. Der Rest bestand für mich aus mir fremden Schnörkeln und Strichen. Immerhin zeigte man mir, dass Koreanisch als einzige asiatische Sprache kleine Kreise nutzte. Diese sahen aus wie Eiskugeln, die auf verworrene Hörnchen eines expressionistischen Waffelfabrikanten gesetzt wurden. So langsam dämmerte mir, dass ich längst nicht so fremdsprachenbewandert war, wie ich immer gedacht hatte.

Am Anfang der Infoveranstaltung hatte ich mich noch gewundert, dass im Saal fast 90 % der 50 Anwesenden Chinesen waren. In einem Orientierungskurs für internationale Studierende in China hatte ich definitiv mehr Nicht-Chinesen erwartet. Dann inspizierte ich meine asiatischen Sitznachbarn genauer und erkannte tatsächlich eindeutige Unterschiede an ihren äußerlichen Merkmalen.

Einige der mich umgebenden Personen hatten einen dunkleren, fast karamellartigen Teint, der unter den ansonsten eher sonnenscheuen Asiaten besonders hervorstach. Ich hatte sie inzwischen bereits angesprochen und somit erfahren, dass es sich um Thailänder handelte.

Dann besah ich mir die Nasen meiner Nachbarn genauer. Sie waren flach. Alle mich umgebenden asiatischen Nasen waren flach. Kein besonders unterscheidungsfreudiges Merkmal. Ich würde meine asiatischen Mitmenschen also nicht anhand ihrer Nasen erkennen.

Während ich noch das Gesicht meiner hübschen Sitznachbarin anstarrte, kicherten einige junge Frauen in der Reihe hinter mir über meine intensive Beobachtung. Ich schämte mich ein wenig, schielte nur noch ein paar Mal unauffällig auf die wirklich bezaubernde Japanerin neben mir und versuchte mich wieder auf den Vortrag zu konzentrieren.

Die Polizistin hatte bereits das Thema gewechselt. Der Monolog zu den Campusregeln war beendet. Als nächstes sprach sie von Formalitäten zur Beantragung eines korrekten Visums. Bernhard und ich schauten uns missmutig an.

„Nach dem mehrtägigen Hickhack, ob unser Visum nun passt oder nicht, und der zusätzlichen Gebühr von 100 Euro geben sie jetzt eine Infoveranstaltung dazu?", zischte ich ihm zu.

„Wundert dich das?", fragte Bernhard grinsend zurück und zuckte mit den Schultern. „Entspann dich, ist doch nur ein bisschen Geld. Jetzt haben wir ein Visum, mit dem wir mehrmals aus und wieder einreisen können. Ich denke, ich mache mal Urlaub auf den Philippinen."

Ich blieb stumm und dachte über seine Worte nach. Tatsächlich waren 100 Euro für uns zwar eine unnötige, aber keine lebensvernichtende Geldausgabe. *Vielleicht ging ich das ganze Thema ja zu emotional an?*

Wir hörten eine Weile schweigend nicht zu, da die Informationen für uns nicht mehr von Belang waren. Nach Ende des Vortrags jedoch wurde es wieder spannend. Jeder von uns Studierenden sollte einzeln nach vorne kommen. Wir wurden zu einer freundlichen Pose mit falschem Lächeln gebeten und sollten dabei der Polizistin die Hand schütteln. Das Prozedere wurde dann mit einer Kamera verewigt. Das geschossene Foto sollte als Beweis für die chinesischen Behörden gelten, dass wir uns legal im Land aufhielten.

Was für eine verrückte Idee war das denn? Was wohl passierte, wenn ich jetzt einfach wortlos den Saal verließ? War ich dann ein vogelfreier Illegaler? Wurde ich dann ins Gefängnis gesteckt und zugleich des Landes verwiesen?

Kurz zuckte es in meinen Füßen, ich wollte nur zu gerne den Saal verlassen. Dann trat ich doch nach vorne, schüttelte die rechte Hand der uniformierten Frau und lächelte gequält in die Kamera.

Kapitel 12

Von acht Tellergerichten

Donnerstag, 6. März 2014. Restaurant in Downtown Dalian, China.

Knusprige Schweinefleischstückchen drehten sich um saftig mariniertes Rind. Am Tischrand erfreuten sich gefüllte Maultaschen des schwindelerregenden Karussells. Der Salat präsentierte sich stolz und farbenfroh, während mir unbekannte Pilze geduldig auf ihre Verspeisung warteten. Dazwischen versteckte sich zunächst eine feurig rote Tomatensuppe mit Rindfleisch, doch nach einer weiteren Drehung hatte ich auch diese entdeckt.

Der quirlige, runde Tisch mit Drehscheibe präsentierte mir die Gerichte hypnotisierend und von allen Seiten. In China teilt man sich die Speisen. Mein eigener winziger Teller lag noch leer und unbefleckt vor mir.

Man bestellt traditionellerweise ein Gericht pro Person. Wir waren fünf Personen, während acht Tellergerichte vor uns zirkulierten. Allan meinte es gut mit uns und hatte eindeutig zu viel bestellt. Das war übrigens auch so ein chinesischer Brauch: Wenn das gesamte Essen vertilgt werden konnte, hatte es einfach nicht genug gegeben und der Gastgeber war blamiert. Daher sollte man immer etwas übriglassen. Alles andere war unhöflich. Was bei meiner Großmutter zu Gezänk geführt hätte („Iss das auf, Junge! Sonst wird das Wetter schlecht!"), gehört in China zum guten Ton.

Allan erklärte uns das Prozedere: Jeder bediente sich mit Stäbchen oder Löffel an den Speisen in der Mitte. Was man selbst am liebsten mochte, legte man sich auf den eigenen Teller. Was man selbst nicht ausstehen konnte, legte man auf den Teller des Nachbarn. „Hier, du hast noch gar keinen Salat. Nimm nur", sagte Allan und schaufelte mir ordentlich davon auf meinen Teller, während er mich angrinste. Weiterhin gab es noch eine leere Schüssel für den allgegenwärtigen Reis und eine weitere für die Tomatensuppe. Das Dinieren wurde zum sozialen Ereignis.

Das gemeinsame Abendessen hatte Allan vorgeschlagen. Mit dabei waren der mir bereits bekannte Sunny und der mir bisher unbekannte Bob, ein weiterer Chinese aus unserem Kurs. Bernhard war natürlich auch mit dabei.

Sunny war mir bisher eher unangenehm aufgefallen. In sozialen Interaktionen war er entweder zu aufdringlich oder er sprach seltsame Themen an. Wenn ich mit ihm redete, machte ich regelmäßig einen Schritt zurück, weil er mir zu nahe stand. Jeder Mensch hat eine gewisse Wohlfühldistanz, aber Sunnys Maßband dafür wies offenbar einen Produktionsfehler auf.

Allan hatte bestellt und dabei versucht, eine möglichst vielseitige Auswahl zu schaffen. Das hatte er definitiv geschafft und ich freute mich auf mein erstes luxuriöses Essen in einem guten chinesischen Restaurant. Ich nahm mir von allem etwas, um nichts zu verpassen. Das marinierte Rind schmeckte mir besonders gut. Es war schön zart und saftig.

„Das Rind ist super lecker", kommentierte ich.

„Das freut mich", sagte Allan lächelnd. „Ich habe absichtlich kein scharfes und kein zähes Fleisch ausgesucht. In China gibt es nicht nur zartes Fleisch. Die Leute wollen kauen. Je mehr Knorpel, desto besser."

„Du verarschst mich", sagte ich und schaute verdutzt.

Allan zuckte mit den Schultern. „Tatsächlich nicht."

„Und was ist mit Hundefleisch?", fragte ich.

Er verzog das Gesicht. „Das essen nur wenige Leute. Viele behaupten, das gäbe es nur bei den barbarischen Südchinesen, obwohl das nicht stimmt. Überall in China gibt es Hundefleisch, 狗肉 (gǒuròu). Die meisten Leute essen aber Schweinefleisch, Rindfleisch und Geflügel, so wie ihr.

Wobei es hierbei auch Unterschiede gibt: Wir verwenden alle Teile, auch solche, die in Europa verschmäht werden. Hühnerfüße, Knorpel, Schweinsköpfe, Innereien. Vieles wird aus allen Teilen der Welt importiert."

Ich erinnerte mich an eine Geflügelfabrik, die ich einmal in Chile besucht hatte. Alle dort produzierten Hühnerfüße wurden nach China exportiert. Das sei der einzige Abnehmer, hatte man mir damals erklärt.

Allan fuhr mit seiner Erklärung fort: „In Küstengebieten wie Dalian gibt es natürlich auch viel Fisch und Meeresfrüchte. Wobei ich die in den letzten Jahren gemieden habe. Vielleicht habt ihr es ja schon gehört. Hier hatte es vor einiger Zeit einen Ölunfall im Meer gegeben. Dadurch gab es einige Probleme für die Fischereiindustrie. Mittlerweile sollte es jedoch wieder in Ordnung sein. Es werden nicht mehr so viele tote Tiere angeschwemmt."

Ich nickte einfach nur, weil ich nicht wusste, was ich darauf antworten sollte. *Gab es weniger sterbende Tiere, oder einfach nur weniger Tiere?* Das Umweltverständnis in China schien dem europäischen noch ziemlich hinterherzuhinken.

„Wie haben euch eure ersten Tage in China eigentlich gefallen?", fragte Sunny von der anderen Tischseite, während der Tisch rotierte und er sich gezielt ein paar Maultaschen schnappte.

„Ganz gut", sagte Bernhard. Er versuchte, sich mehr von dem Rind zu nehmen. Dabei entwischten die Fleischstückchen seinen Stäbchen und das Gericht entzog sich drehend seiner Reichweite. Allan nahm die Schüssel und legte Bernhard etwas auf den Teller.

„Ziemlich chaotisch", antwortete ich zwischen zwei Bissen.

„Inwiefern chaotisch?", fragte Allan.

Dann erzählte ich vom wilden Anmeldeverfahren an der Universität, den Problemen mit unseren Visa und dem Gesundheitscheck und dass ich das Gefühl hatte, definitiv zu viel bezahlt zu haben.

„Willkommen in China", sagte Allan und lachte. „Das ist hier ganz normal. Das Meiste davon war wahrscheinlich gar nicht absichtlich, sondern einfach unorganisiert. Aber selbst wenn jemand von einem Fehler wusste, den er oder sie gemacht hat, würde diese Person das niemals zugeben. In China gibt es nichts Schlimmeres, als sein Gesicht zu verlieren. Außerdem gibt es hier ein Sprichwort: '能骗就骗' (Néng piàn jiù piàn). Wenn du betrügen kannst, dann betrüge."

Ich schluckte. „Was soll das bedeuten?", fragte ich.

Allan schüttelte traurig den Kopf und erklärte: „Viele Chinesen denken kurzfristig. Wenn sie sich irgendwie einen Vorteil verschaffen können, dann tun sie das. Meistens geht es um Geld. Händler setzen exorbitante Preise an, Bürokraten und Polizisten verlangen Schmiergeld, Betrüger legen Touristen rein. Es gibt viele Möglichkeiten. Wenn euer Anmeldeverfahren also etwas mehr Geld gekostet hat, als es eigentlich sollte, dann weil sich jemand etwas abgezwackt hat."

„Ich fand es gar nicht so schlimm", sagte Bernhard. „Unsere Organisatorin in Deutschland, Shenmi, hatte mich schon vorgewarnt. Sorry, Tobi, du warst bei dem Vorgespräch noch gar nicht dabei. Und was haben wir schon verloren? Ein bisschen Zeit und Geld. Die deutsche Bürokratie ist schließlich auch nicht gerade angenehm. Dafür bekommen wir die einmalige Gelegenheit, in China zu studieren."

Ich dachte an den heutigen Unterricht. „Zu den Wirtschaftskursen habe ich auch noch ein paar Fragen", sagte ich und überlegte kurz. Heute war es sogar noch anspruchsloser gewesen als vor zwei Tagen. Die Studierenden waren gemächlich mit Verspätung eingetrudelt. Während des Unterrichts gingen sie mal eine rauchen oder zum Supermarkt um die Ecke. Ich hatte mich schnell kulturell integriert und mir erst einmal einen Kaffee geholt. Während des Unterrichts wohlgemerkt. Der Professor für Business Englisch hatte sich daran nicht gestört. Er schien mir sowieso nicht sonderlich am Unterricht interessiert zu sein. Zunächst hatte ich bei diesem Kurs ein gutes Sprachniveau erwartet - schließlich sollten wir bei ihm Englisch lernen. Doch sobald der Professor zu reden begann, hatte ich bemerkt, dass selbst unsere professionelle Lehrperson bloß durchwachsenes Englisch sprach. Die chinesischen Studierenden hatten also eine doppelte Herausforderung beim Sprachenlernen: Zum einen waren Englisch und Chinesisch syntaktisch, grammatikalisch und insbesondere vom Sprachschatz her so weit voneinander entfernt wie Europa von der Erde. Und mit Europa meine ich den zweitinnersten Mond des Planeten Jupiters. Zum anderen war der große Durchbruch aufgrund des eher kniehohen Sprachlevels von Mr. Business Englisch quasi unmöglich. Ich überlegte angestrengt, wie ich meine Frage zur Qualität des Unterrichts diplomatisch formulieren konnte.

„Der Unterricht heute …", begann ich vorsichtig. „Sind alle Kurse so?"

Allan schlürfte etwas Tomatensuppe und blickte mich über den Tisch hinweg an. „Du meinst so scheiße?"

Ich lachte auf und nickte.

„Nein, ich denke das war heute der schlechteste Unterricht, den ich je gehabt habe", sagte Allan. Sunny stimmte zu. Bob schien dem ganzen Gespräch auf Englisch gar nicht folgen zu können. Er hatte bisher noch kein Wort gesagt. Als er jedoch Sunny nicken sah, nickte er stumm mit.

Allan fuhr fort: „Da unsere Anwesenheit mit dem Fingerabdruckscan und den Listen überprüft wird, müssen wir in jedem Fall teilnehmen. Zur physischen Anwesenheit werden wir gezwungen. Die geistige kann jedoch niemand kontrollieren", sagte er und zwinkerte.

Über diese Worte dachte ich noch lange nach. Allan war irgendwie anders als die anderen Chinesen. Mit ihm kam ich ziemlich gut zurecht. *Vielleicht weil er durch seinen langen Deutschlandaufenthalt europäischer geworden war? Oder war es, weil er sehr gut Englisch sprach? Was sagte das über mich und meine kulturelle Akzeptanz aus?* In jedem Fall musste ich Chinesisch lernen, ansonsten hatte ich keine Chance, tiefer in die Kultur einzutauchen.

Und noch etwas hatte mir ich an diesem Tag vorgenommen: Ich wollte jetzt häufiger in Restaurants essen gehen. In zweierlei Hinsicht haben diese nämlich nichts mit den Chinarestaurants in Deutschland gemein: Erstens war das Essen hier authentisch chinesisch und nicht diese verfälschte Plörre mit seltsamen Nudeln und angepassten Gewürzen. Und zweitens haben wir umgerechnet nur 4,50 Euro pro Person für ein Festmahl bezahlt.

Kapitel 13
Downtown

Freitag, 7. März 2014. Downtown Dalian, China.

Der höchste Wolkenkratzer Dalians war der *Future Square* mit 243 Metern Höhe. Doch hatte ich eines bereits gelernt: Sagenhafte Bauten wurden in China innerhalb kürzester Zeit wie durch Magie emporgezogen und übertrafen sich immer wieder in ihrer Höhe. Das *Eton Place* befand sich derzeit im Bau. Es sollte 2015 fertiggestellt werden und mit über 380 Metern das neue höchste Gebäude Dalians werden. Doch war es nur eine Frage der Zeit, bis dieser baldige Rekordeintrag bauwerklicher Höhenkunst wieder obsolet werden würde.

Zur gleichen Zeit in Deutschland standen die meisten Hochhäuser in Frankfurt. Dort gab es 36 Gebäude, welche die 100 Meter-Marke geknackt hatten. In Dalian gab es im Jahr 2014 bereits über 200 solcher Hochhäuser, Tendenz stark steigend. Wer Frankfurts Skyline bereits atemberaubend findet, den dürften Chinas Städte regelrecht aus den Socken hauen. Und Dalian war vergleichsweise klein. Mit seinen knapp 6,6 Millionen Einwohnern lag es populationstechnisch auf Platz 18 der größten Städte Chinas. Ich war in der 17.größten Stadt Deutschlands geboren und aufgewachsen - in Wuppertal. Ich war also ein Großstadtkind. Hatte ich gedacht. Mit seinen knapp 350.000 Einwohnern war Wuppertal ein Ameisenschiss im Vergleich zu diesem wuseligen Haufen vor mir. Nun fühlte ich mich zum ersten Mal wirklich winzig und unbedeutend.

Ich stand inmitten himmelhoher Türme in Dalians Innenstadt. Bernhard und ich hatten einen gemeinsamen Bus genommen, gingen jedoch nun eigene Wege, um die Gegend zu erkunden. Wir hatten so viel Zeit miteinander verbracht, dass wir beide etwas Zeit alleine brauchten.

Der Bezirk, in dem ich mich gerade befand, hieß *Zhongshan* und machte seinem Namen alle Ehre. Zhong bedeutet „Mitte", Shan „Berg". Der Berg der Mitte. Vielleicht hatte man den Namen aufgrund eines örtlichen Hügels gewählt. Falls es so gewesen war, konnte ich diesen jedoch nicht mehr erkennen. Nun gab es hier nur noch einen Berg aus Beton und Stahl. Fassaden reihten sich an Metallkonstruktionen, riesige Fensterscheiben priesen Güter an und darüber reihten sich Stockwerke über Stockwerke. Es war ein durchaus imposantes Gebirge.

In den Häuserschluchten dazwischen hatte ich Menschenmassen erwartet, die sich aneinander vorbeiwälzten und die Geschäfte stürmisch auseinandernahmen. Die konsumgetriebenen Wogen glichen jedoch mehr denen einer lauen See bei klarem Winterwetter. Die Sonne schien zwar irgendwo, versteckte sich aber hinter wuchtigen Betonfassaden. Hier unten kam kein wärmender Strahl an, sodass ich bei knapp 0 Grad trotz dicker Winterjacke fror. Zarter Schnee fiel glitzernd herab und schmolz sogleich auf dem städtischen Asphalt.

Entweder lag es am kalten Wetter und der frühen Uhrzeit des ruhigen Freitagvormittags, oder die Innenstadt war so gewaltig, dass die Menschen einfach keine Chance hatten, eine gemeinsame Masse zu formen. In jedem Fall war es erstaunlich ruhig. Ich hatte diese Stille in einer chinesischen Innenstadt nicht erwartet. Es fühlte sich beinahe gespenstisch an. Später sollte ich erfahren, dass durch westliche Investoren viel Geld in den Bau moderner Einkaufszentren geflossen war. So war ein regelrechter Hype entstanden, wodurch mehr Geschäfte gebaut worden waren, als gebraucht wurden. Insbesondere die teuren Geschäfte lockten nicht genügend Konsumenten an, da die Angebote für den Großteil von Dalians Bevölkerung unerschwinglich waren. In der ganzen Stadt gab es außerdem zig Baustellen, die weitere Einkaufszentren in die Höhe zogen.

Ich schlenderte ziellos von Straße zu Allee und von Wolkenkratzer zu Hochhaus. *Zhongshan* schien ein vornehmes Viertel zu sein. Viele dieser Einkaufszentren reihten sich aneinander. Ich kam an einem riesigen Kreisverkehr vorbei, in dessen Mitte sich ein schöner Park befand. Er hieß dem Viertel entsprechend *Zhongshan Square*. Zig Gebäude wetteiferten um die schönste Aussicht. Die *Renmin Road* entlangschlendernd fand ich ein Einkaufszentrum namens *Friendship Shopping Centre*. Der Name war in großen weißen und zum Glück für mich lesbaren Lettern an der Fassade angebracht. Ich ging neugierig hinein. Ein offenes Foyer begrüßte mich. Einige Wägelchen standen herum, wo Gebäck und Getränke verkauft wurden. Elektrische Rolltreppen surrten entlang des kreisartigen Innenraums und beförderten die Gäste gemütlich von Etage zu Etage. Im Erdgeschoss führten drei gassenartige Wege in verschiedene Richtungen. Sie wurden von allerlei Geschäften gesäumt.

Ich ging herum und besah mir die Läden, wie sie in typischen Einkaufszentren vorkamen. Es gab viele importierte, aber auch lokal produzierte Textilien, Schuhe, Parfums, Spielsachen, Elektronikartikel und sonstigen Krimskrams. Mich beschlich das Gefühl, dass sich die Bauherren aller auf der Welt befindlichen Einkaufszentren insgeheim verschworen hatten, um ein identisches Shoppinggefühl heraufzubeschwören. Abgesehen von den chinesischen Schriftzeichen und asiatischen Konsumenten erinnerte mich nur noch eins an meinen östlichen Aufenthaltsort: Die überall herumlungernden Mitarbeiter, die sich vor den Geschäften tatenlos zusammenrotteten, um Handyspiele zu spielen.

Ich nahm verschiedene Rolltreppen nach oben und wurde alsbald mit ohrenbetäubendem Lärm beschallt. Offenbar fuhr ich direkt in eine bunte Spielhölle, wo lautstark dröhnende und wild blinkende Geräte um die Wette lärmten. Einige Kinder spielten ein Tanzspiel und hüpften geschickt auf großen Knöpfen herum, die in den Maschinenboden eingelassen waren. Die Schrittreihenfolge wurde auf einem Monitor angezeigt und die Punktzahl schraubte sich mit jedem richtigen Sprung in die Höhe. Es war ein wahres Paradies für Spielefans: Ballspiele, Rennspiele, Adventurespiele, Oldschool-Pacman, neuartige Simulationen, Greifautomaten und vieles mehr.

Ich hatte keine Lust, Geld für Spielautomaten auszugeben, und da mich das moderne Ambiente mittlerweile langweilte, nahm ich den nächstbesten Ausgang und ging eine Weile in Richtung Westen. Nun erkundigte ich die Gegend auf der anderen Seite des *Zhongshan Squares* und wurde schon bald für mein zielloses Umherwandern belohnt. Eine Treppe führte in den Untergrund. Ich ließ mich nicht zweimal bitten und stieg sie neugierig hinab. Diesmal musste ich mich an vielen Passanten vorbeischlängeln, da hier definitiv mehr Menschen unterwegs waren. Außerdem war die Hälfte der Treppe bereits belegt: Verschiedenste Verkäufer hatten geflickte und verblichene Decken auf den dreckigen Stufen ausgebreitet. Allerlei Tand lag darauf verteilt und wurde zum Verkauf angeboten. Ich entdeckte Billigware wie Handytaschen und Plastikspielzeug. Äffchen purzelten über den Boden und ein blinkender Propeller flog mir beinahe auf den Kopf. Ich wurde pausenlos von Verkäufern angesprochen und von den Passanten neugierig beäugt. Da fiel mir auf, dass ich seit einer Weile nur noch Asiaten gesehen hatte und daher als Europäer wohl zu so etwas wie einer Attraktion wurde.

Unten angekommen begrüßte mich ein gänzlich anderes Ambiente als in dem hellen, modernen Einkaufszentrum. Es war ein Untergrundmarkt. Der Name passte einerseits aufgrund seiner geographischen Lage, aber ebenso wegen der feilgebotenen Waren. Es gab „Markenklamotten", „Markenuhren" und „Markenschuhe". Die Preise waren viel günstiger als in dem oberirdischen Einkaufszentrum und viel zu niedrig für Originalware. Gucci lag neben Prada, Rolex neben Chopard, Adidas neben Nike. Natürlich waren die Produkte genauso echt wie die Wahlkampfversprechen populistischer Parteien. Meiner Erfahrung nach bereute man die Entscheidung bereits kurz nach der Wahl und die Dinge fielen auseinander.

Der Markt war riesig und es dauerte nicht lange, da hatte ich bereits die Orientierung verloren. Die Läden waren allesamt vollgestopft mit Gegenständen und Menschen. Kisten stapelten sich über Säcken und Schuhpaare lagen in Regalen übereinander oder in Wühlkisten kreuz und quer verdreht.

Ich betrat eines der Geschäfte. Wobei „betreten" die falsche Umschreibung war. Keiner der Läden hatte eine Tür. Der Untergrundmarkt war ein einziger Geschäftehaufen, der nur durch enge Gassen in einzelne Bereiche unterteilt wurde. In dem Laden, dessen Boden ich nun berührte, wurden Schuhe angeboten. Ich nahm mir ein paar schwarze Chucks aus einem Regal. Die Verkäuferin sprach mich auf Chinesisch an und ich antwortete auf Englisch. Sie schaute verwirrt und antwortete wieder auf Chinesisch. Da wir keine gemeinsame Sprachbasis fanden, zückte sie schließlich einen Taschenrechner. Sie tippte eine Zahl ein und zeigte sie mir: 350. Es sollte wohl CNY darstellen, umgerechnet also 50 Euro. Ich lachte und nahm ihr das Gerät aus der Hand. Dann löschte ich die Ziffern, tippte eine 50 ein und zeigte sie ihr. Nun lachte sie, schüttelte den Kopf und entzog mir den Taschenrechner. So ging es eine Weile weiter, bis wir uns auf 100 einigten, umgerechnet knapp 14 Euro. Nach Allans Erklärung von „Néng piàn jiù piàn" hatte ich mir ein YouTube-Video dazu angesehen und dabei einiges über die exorbitanten Preisunterschiede auf chinesischen Schwarzmärkten gelernt. Ich fragte mich kurz, ob 100 CNY immer noch ein Betrag für Touristen war, aber dann ließ ich den Gedanken fallen. Ich würde nichts daran ändern können und es war ein günstiger Preis für Chucks, selbst wenn sie gefälscht waren. Hoffentlich würden sie entgegen meiner Erwartung eine Weile halten. Spoiler-Alarm: Sie würden nicht.

Mit meiner Beute im Gepäck zog ich noch eine Weile weiter durch die engen Gassen des mit Textilien und Billigwaren beladenen Untergrunds. Als sich durch die Enge und Orientierungslosigkeit eine kleine Panik in meiner Brust auszubreiten begann, fand ich zum Glück eine Treppe, die nach oben führte. Ich drängelte mich schnell zwischen den Verkäufern und Passanten entlang, da ansonsten kein Durchkommen war. Oben angekommen sog ich die halbwegs frische Luft einer chinesischen Großstadt ein. Ich schaute in den dunklen Himmel voller Wolken und atmete den eiskalten Sauerstoff. Vereinzelte Schneeflocken wirbelten umher und ein Eiskristall landete auf meiner Nasenspitze. Es kitzelte.

Ich grinste. Die Stadterkundung hatte mir frische Energie gegeben. In diesem Moment freute ich mich zum ersten Mal richtig auf mein kleines China-Abenteuer. Auf der Hinfahrt hatte ich noch einen Zeitungsartikel gelesen. Dort hatte gestanden, dass Dalian im Jahr 2006 als Stadt mit der höchsten Lebensqualität in China galt. Hier warteten noch viele weitere Attraktionen auf mich. Es gab einen maritimen Themenpark, eine grandiose Küste mit glitzernden Stränden, einen Freizeitpark auf dem Xing Hai Plaza, wunderschöne Wanderwege im seltenen Grün und vieles mehr. Ich blickte wieder gen Himmel und öffnete den Mund, um mir die kalten Schneeflocken hineinwehen zu lassen. Freudige Erwartung machte sich in mir breit. Es versprachen spannende Monate zu werden.

Kapitel 14

Über Frauen und Sex

Samstag, 8. März. Technische Universität Dalian, China.

Gan Bei!", riefen wir und leerten damit die dritte Flasche Whisky.

Bernhard und ich befanden uns an diesem Samstagabend im Zimmer von Louis, denn wir hatten uns nach unserem langen, eintönigen Tag beim Wirtschaftskurs mit den drei Franzosen zum Saufen verabredet. Sie zeigten uns, wie man sich mit billigem chinesischem Whisky für 1 Euro pro Flasche selbst zerstörte. Die dazugehörigen Themen waren simpel, klischeehaft männlich und durchaus oberflächlich: Frauen und Sex.

„Habt ihr schon irgendwelche Flirt-Apps ausprobiert?", fragte Fabien. Ohne eine Antwort abzuwarten, fuhr er fort: „WeChat hat da einige interessante Funktionen. Man kann sogar wie bei Tinder Leute aus der Umgebung swipen und liken. Da habe ich gestern einige hübsche Mädels angeschrieben."

Fabien war in meinen Augen ein hormongetriebener Schönling. Sein französischer Akzent, das volle Haar, seine haselnussbraunen Augen und seine charmante Art machten die Frauen scharenweise wuschig. Ich mochte ihn nicht. Wahrscheinlich, weil wir uns ähnlicher waren, als ich mir eingestehen wollte. Der Unterschied war jedoch, so hoffte ich zumindest, dass er sein Schönlings-Dasein scham- und grenzenlos ausnutzte. Und wenn keine potenzielle Adressatin für seine charmanten Avancen anwesend war, kam sein schamloser Chauvinismus hervor.

„Ich werde definitiv eine Chinesin knallen. Das Land fehlt noch auf meiner Liste", schloss Fabien seinen kurzen Monolog.

„Putain, Fabien, tais-toi!", rief Louis. „Du hast eine Freundin zu Hause!"

„Ja, zu Hause. Hier habe ich keine", sagte Fabien und lachte. „Auf die Frauen, Gan Bei!"

Er prostete uns zu und trank einen tiefen Schluck seines Whiskys.

„Auf die Frauen!", rief ich, trank ebenfalls einen Schluck und meinte dabei doch etwas gänzlich anderes.

Ich glaube an Gleichberechtigung, an offene Kommunikation, ja, auch an Treue, wenn es denn innerhalb der Beziehung nicht anders abgesprochen ist. Denn es gibt auch glückliche offene Beziehungen und somit ungebundenen Sex, solange man den Menschen auf der anderen Seite respektiert. In dieser Männerrunde konnte ich meine Ansichten jedoch nicht ansprechen, ohne Unverständnis oder schlechte Sprüche entgegengeworfen zu bekommen. Außer das mit dem ungebundenen Sex natürlich. Aber so war ich ein Feigling und hielt meinen Mund, wie Louis es gesagt hatte: tais-toi.

„Also, Tobias", fuhr Fabien leicht lispelnd fort. Der Whisky zeigte bereits Wirkung, mir war auch schon schummrig. „Hast du schon WeChat ausprobiert?"

„Das habe ich tatsächlich. Aber nicht so, wie du meinst. Bei WeChat kann dich anscheinend jeder einfach so anschreiben, nicht nur fürs Flirten. Mich hat ein männlicher Chinese kontaktiert. Der wollte sich mit mir treffen, um Englisch zu üben", antwortete ich.

„Hahaha, der war bestimmt schwul!", lachte Fabien.

Ich zog meine Nase hoch und kniff die Augen zusammen. Ich mochte keine Oberflächlichkeit, aber in diesem Fall hatte Fabien recht und man sah es mir an.

„War er wirklich schwul?", fragte Louis.

„Ja", antwortete ich und nippte an meinem Getränk. „Von wegen Englisch lernen. Als wir uns getroffen haben, interessierte er sich mehr für meinen Körper als für meine Sprachkenntnisse."

„Das hast du noch gar nicht erzählt!", rief Bernhard überrascht.

„Und, wie war sein …", Fabien machte Gänsefüßchen in der Luft und betonte das letzte Wort besonders: „Englisch?"

„Nachdem mir klar wurde, was er eigentlich wollte, bin ich gegangen", erwiderte ich sachlich.

„Natürlich bist du das!", rief Fabien. „Auf das Englischlernen! Gan Bei!"

„Gan Bei!", riefen alle auf Chinesisch und prosteten mir mit Whisky zu. Danach wurde die vierte Flasche geöffnet und die Stimmung vibrierte entsprechend.

„Scheiße, Mann", sagte ich auf einmal. „Wieso können Chinesen nicht einfach sagen, was sie denken? Immer wird gelogen. Ich komm darauf nicht klar. Der homosexuelle Chinese hat einfach nur versucht, mich rumzukriegen. Das wäre ja völlig in Ordnung, wenn ich das auch gewollt oder zumindest gewusst hätte. Aber so ist es doch total umständlich …"

„Ich find's ganz geil", sagte Fabien. „Spiel doch einfach mit. Frag die Frauen per WeChat, ob sie Englisch üben wollen. Oder Männer in deinem Fall", sagte er lachend.

„Alter, putain, du hast es aber echt nötig, was?", sagte Louis.

„Es gibt sogar noch andere Apps, speziell für Sexdates", erklärte Alain plötzlich. „Das habe ich zumindest gelesen. Lasst uns das doch versuchen."

Jetzt wollte Alain bei den Spielchen auch noch mitmachen. Ich schüttelte unwillkürlich den Kopf.

„Auf jeden Fall!", rief Fabien. „Und nächsten Samstag machen wir Party! Ich habe eine Mexikanerin kennengelernt, die ist übrigens mega heiß und schon länger in Dalian. Sie sagt, es gäbe da eine Disco namens JD's in Downtown, da kann man richtig abfeiern und tanzen gehen."

„Auf das Tanzen! Auf die Frauen!", rief Alain.

„Gan Bei!", riefen alle anderen.

„Gan Bei!", rief ich etwas verspätet und ließ mich auf der Welle jugendlichen Leichtsinns doch irgendwie mitreißen. Feiern wollte ich schließlich auch. Und wenn ein One-Night-Stand dabei herumkam, warum nicht? *So lange es respektvoll läuft*, sagte ich moralisierend zu mir selbst.

Wir tranken insgesamt vier Flaschen Whisky, knallhartes Saufen für 4 Euro. Den eigentlichen Preis musste ich jedoch am nächsten Tag bezahlen, denn dann hatte ich den Kater meines Lebens.

Kapitel 15

Sprachkurs

Montag, 10. März 2014 bis Donnerstag, 13. März 2014. Technische Universität Dalian, China.

Nachdem ich den kompletten Sonntag mit Kopfschmerzen im Bett verbracht hatte, schleppte ich mich am Montag das erste Mal zu meinem Chinesisch-Sprachkurs.

Wir wurden mit einem herzlichen „Zao shang hao" begrüßt. Wir, das waren genau elf Schüler aus aller Welt, die keinerlei Chinesisch sprachen. Anfängerlevel 1A. Bernhard hatten sie in den zweiten Nichtskönner-Kurs gesteckt, um die Nationalitäten zu durchmischen. Wahrscheinlich sollte damit eine störende Verständigung auf Muttersprachen unterbunden werden. Blöd für diese Strategie war nur, dass es drei Franzosen und fünf Japaner in nur zwei Anfängerkursen gab. So steckten zwei der Franzosen in meinem Kurs – Fabien und Alain – und zwei Japaner, darunter Yuma. Mir unbekannt waren noch ein Finne, eine US-Amerikanerin, die in Russland aufgewachsen war, eine Thailänderin, ein Somalier, eine Marokkanerin und eine Pakistanerin.

Der Klassenraum war spärlich beheizt. Immerhin gab es hier im Norden Chinas Heizungen, was in großen Teilen des Landes keine Selbstverständlichkeit darstellte. Nachteilig war nur der ständige Luftzug in unserem Klassenzimmer, da die Tür aus den Angeln gefallen war und jetzt an der Wand lehnte. So etwas stellte wiederum eine Selbstverständlichkeit in China dar.

Die angeschraubten Klapptische und Klappstühle waren für ziemlich kleine Chinesen gemacht, aber immerhin war ich auch ein ziemlich kleiner Deutscher und so passte ich einigermaßen in die winzige Nische zwischen Sitz und Ablagefläche. Der große Finne neben mir stöhnte jedes Mal, wenn er irgendwo gegen stieß, was bei fast jeder Bewegung der Fall war. Er sah mit seinem blonden Irokesen und einem langen Ziegenbärtchen erfrischend anders aus, mitten in einem nicht enden wollenden Meer aus schwarzhaarigen Asiaten.

Zur weiteren Lehrausstattung gehörten ein Beamer, eine Tafel und vier Lehrerinnen, die uns gerade streng anblickten. Die vom Aussehen her jüngste Frau ganz links zerstörte diesen Effekt durch ein leichtes Grinsen, das ihre Lippen umspielte. Sie war mir auf Anhieb sympathisch. Ihr Lächeln wurde noch breiter, als die ältere Dame ganz rechts ihre große Brille zurechtrückte und mit strengem Fingerzeig auf Englisch zu sprechen begann:

„Jede von uns unterrichtet ein eigenes Fach." Sie zeigte abwechselnd auf ihre Kolleginnen von links nach rechts. „Grammatik. Hören. Sprechen. Und ich …" Sie zeigte auf sich selbst. „… Lesen und Schreiben. Ihr habt montags bis freitags von 8 bis 12 Uhr Unterricht. Seid pünktlich. Wenn ihr nicht am Unterricht teilnehmen könnt, müsst ihr euch offiziell entschuldigen. Wenn ihr euch nicht entschuldigt, werdet ihr des Landes verwiesen." Diese Drohung kam mir bekannt vor.

Sie gab uns einen Stundenplan und ihre Kolleginnen verteilten Lehrbücher. Für jedes Fach gab es ein Buch. Der Zeitplan zeigte, dass wir jeden Tag zwei unterschiedliche Fächer für jeweils 2 Stunden hatten. Das alles erschien mir um einiges organisierter als meine Wirtschaftskurse zu sein.

„Der Sprachkurs geht von Anfang März bis Ende Juni, also vier Monate. Und nun …" Sie klatschte in die Hände. „… stellen wir uns vor."

Ich konnte mir die Namen der Lehrerinnen nicht merken, außer Li, denn so hieß die junge Frau ganz links. Um fair zu bleiben, sollte ich erwähnen, dass die Lehrerinnen sich unsere Namen auch nicht merken konnten. Als wir uns alle vorgestellt hatten, kannte kaum jemand auch nur einen Namen. Dann wurde uns eröffnet, dass wir von nun an sowieso anders heißen würden. Da wir hier waren, um Chinesisch zu lernen, wurden uns chinesische Namen gegeben. Die Damen hatten da schon etwas vorbereitet. Angelehnt an unsere Vor- und Nachnamen hatten sie den Chinesisch-Generator angeschmissen. Da mein Name *Tobias Engbring* ist, sollte ich ab sofort *an ya sen* heißen. Das erschien mir in keiner Weise mit meinem Namen verknüpft, daher fragte ich nach der Verbindung.

„Ganz einfach", wurde mir von der älteren Dame erklärt. „Das kommt von deinem Namen: ENG(bring) (tob)IA S. Also: AN YA SEN"

Eine bestechende Logik. Als ich versuchte, sie zu verstehen, fräste sie sich vehement und schmerzhaft in meinen Kopf. Dann schüttelte ich diesen empört.

„Das klingt wie Anja", beschwerte ich mich.

„Was ist Anja?", fragte sie zurück.

„Ein Mädchenname. Ich will nicht Anja heißen", rief ich etwas lauter.

„Das geht nicht", antwortete sie.

„Ich überlege mir einen neuen Namen für ihn", beschwichtigte Li.

„Danke", sagte ich und lehnte mich erleichtert zurück.

Den Rest des Tages nannten mich alle An Ya Sen. Eigentlich sogar die gesamte Woche, da Li's Versprechen noch eine Weile auf ihre Erfüllung wartete. Dafür erklärte sie mir die Bedeutung meines Übergangsnamens. Zunächst hatte ich die Hoffnung, dass es so etwas wie „großer Mann, der viele Sprachen spricht“, oder „stark und weise“ bedeutete. Aber nein, jetzt hieß ich „sicherer chinesischer Wald“. *Danke, Frau Lehrerin!* Wenn ich die tatsächliche Namensfindung nicht schon gekannt hätte, hätte ich einen rassistischen Analogismus erwartet. Ich stellte mir vor, wie ich als deutscher Bartträger und Barbar mit einer Axt die hiesigen Wälder durchstreifte.

Statt im Wald herumzutollen, saß ich jetzt aber im Sprachkurs und der war ziemlich anstrengend. Für den Anfang übten wir hauptsächlich die Töne im Sprechen und Hören, was sich als ziemlich schwierig herausstellte. Es gibt vier unterschiedliche Töne und einen „Nicht-Ton“ sowie mannigfaltige seltsame Betonungen. Das E im vierten Ton hörte sich so an, als würde man gerade erwürgt werden und müsste sich übergeben. Oder als könnte man nur mit Müh und Not einen Vokal hervorquetschen. Dieser Würgelaut hat auch noch eine passende Bedeutung: Hunger. Das war mein neues Lieblingswort. Ein Kotzgeräusch bedeutete Hunger, grandios.

Schön fand ich auch den Unterschied zwischen Ma im ersten und Ma im dritten Ton. Ersteres heißt „Pferd“ und Letzteres „Mutter“.

Am dritten Tag kam während des Unterrichts ein Mann in unser Klassenzimmer. Wortlos hämmerte er auf die Tür neben der eigentlichen Tür an der Wand ein. Unsere Lehrerin schaute ihn zunächst irritiert an und verscheuchte ihn dann nach einem kurzen, erhitzten Gespräch. In der Pause kam er wieder und reparierte die Tür. Die Art und Weise, wann und wie er sie instand setzten wollte, war typisch für China. Er hatte sich in keiner Weise um unseren Unterricht gekümmert, sondern stumpf seinen Auftrag erledigen wollen.

Am Donnerstag redeten die Lehrerinnen fast nur noch Chinesisch mit uns. Das war unser vierter Tag mit dieser Sprache. Wir saßen also im Unterricht und verstanden nichts. Aber da mich Herausforderungen ansporonen, setzte ich mir zum Ziel, so viel Chinesisch wie möglich zu lernen. Außerdem stellte das hohe Lerntempo eine willkommene Abwechslung zu den Wirtschaftskursen dar, in denen ich mich nur langweilte.

In der ersten Woche lernten wir 30 Schriftzeichen. Was sich zunächst nach außerordentlich viel anhörte, stellte nur die winzige Spitze eines riesigen Eisbergs dar. Denn ein durchschnittlicher Chinese beherrscht knapp 7000 Schriftzeichen. Um eine Zeitung halbwegs lesen zu können, benötigt man um die 3000 Schriftzeichen. Ich würde also noch einen weiten Weg gehen müssen.

Um den Lernprozess zu beschleunigen, hatte sich mir bereits eine weitere Möglichkeit angeboten. Während einer Einführungsveranstaltung am Anfang der Woche hatten wir verschiedene Betreuer kennengelernt, die sich als freiwillige Paten um uns internationale Studenten kümmerten. Ich hatte Joe wiedergesehen, der mir an meinem Ankunftstag mein Zimmer im Wohnheim gezeigt hatte, und wir hatten unsere Nummern getauscht. Dann stellte er mir eine 22-jährige Studentin vor, die sehr daran interessiert war, Englisch zu lernen. Sie schlug mir einen Tandemkurs vor: Ich sollte ihr Englisch beibringen und sie würde mich im Gegenzug Chinesisch lehren. Ich willigte ein. Ob ich meine letzte Englisch-Lernerfahrung mit dem chinesischen WeChat-Akteur bereits vergessen hatte oder ob ich einfach ein hoffnungslos leichtgläubiger Blödian war, kann ich nicht mit Sicherheit sagen. Aber wie sich später herausstellen sollte, war das Sprachenlernen tatsächlich eine weit verbreitete Masche von chinesischen Frauen und Männern, um mit Ausländern anzubändeln. Die junge Frau war also nicht nur am Sprachenlernen interessiert. Nein, Angel wollte mehr …

Kapitel 16

Tandemkurs mit Angel

Freitag, 14. März 2014. Technische Universität Dalian, China.

Angel war nicht im typischen Sinne schön. Sie trug eine große Nerd-Brille mit dickem Rahmen, was zu ihrem Studium der Biologie passte. Eigentlich mochte ich keine Brillen, aber ihr stand sie. Die für Chinesen typische zierliche Nase stach im Verhältnis zu ihrem breiteren Gesicht heraus. Ihre Schultern waren durch ihr semi-professionelles Badmintonspielen ziemlich sportlich. Unter den knapp 1,3 Milliarden Chinesen fiel sie wahrscheinlich nicht sonderlich auf. Glaubte ich zumindest, denn zu diesem Zeitpunkt hatte ich noch keine Ahnung, was in China als attraktiv galt. Ich wurde nämlich selbst nicht als sonderlich hübsch angesehen. Mit meinen 1,72 Metern Körpergröße war ich einfach zu klein. Da hatte ich Deutschland, das Land der riesigen Männer, hinter mir gelassen, um im kleinen Asien endlich mal über eine Menschenmenge hinwegsehen zu können, und dann galt ich immer noch als zu klein! Optimalerweise sollten Männer in China mindestens 1,78 Meter groß sein, was einfach utopisch war, da der männliche Durchschnitt mit 1,71 Metern immerhin noch unter mir lag. Frauen waren sogar noch viel kleiner, im Schnitt 1,59 Meter. Dennoch, ich war einfach zu klein und deswegen nicht schön. Das sollte ich aber zum Glück erst später erfahren, sodass ich noch recht unbekümmert durch die Welt lief.

Was Angel für mich interessant machte, waren ihre wachen, intelligenten Augen. Nennt mich romantisch oder altmodisch, aber Intelligenz macht sexy. Diese Augen blickten mich nun über einen Becher Grüntee hinweg glitzernd an. Ihre Pupillen funkelten jedoch ungewohnt ängstlich hinter ihrer großen Nerd-Brille.

„Mao war zu 70 % gut und zu 30 % schlecht”, antwortete sie auf meine Frage, was sie vom Begründer der Volksrepublik China hielt.

Zweimal in dieser Woche hatten Angel und ich uns nachmittags zum Lernen in einem Café getroffen. Zu diesem dritten Treffen, ebenfalls um die späte Mittagszeit, tranken wir einen To-go-Tee und liefen ziellos auf dem Campus umher, während wir über Gott und die Welt redeten. Beziehungsweise vor allem über Politik. Denn gerade hatten wir an der campuseigenen Statue von Mao angehalten, die direkt vor uns knapp 10 Meter in die Höhe ragte. Dieser steinerne Koloss hatte mich bei meinem ersten Spaziergang mit Rainbow und Bernhard vorige Woche völlig überrascht.

„Komisch. Genau dieselben Zahlen, 70 % und 30 %, hat mir meine Programmkoordinatorin letzte Woche auch genannt. Ist das deine Meinung oder müsst ihr diese Aussage offiziell treffen?”, fragte ich auf meine direkte Art.

Ich wusste, dass nicht nur Begriffe wie Demokratie oder Menschenrechte im chinesischen Internet blockiert wurden. Wenn man den von 1949 bis 1976 führenden Politiker Chinas und chinesischen Revolutionär, Mao Zedong, als Suchbegriff eingab, wurde man auf chinesische Regierungsseiten umgeleitet, welche die Geschichte ein wenig anders erzählten als unsere westlichen Informationsquellen. Nicht dass ich die chinesischen Beschreibungen verstand, die waren ja auf Chinesisch. Ich bezog mich ausschließlich auf westliche Beschreibungen chinesischer Quellen. Da hätten wir sie sogar im Internet, die kommunikativen Schwierigkeiten aufgrund von Sprachbarrieren.

„Das ist meine Meinung.” Sie zögerte kurz, dann fügte sie etwas verspätet hinzu: „Und offizielle Meinung.”

„Aber du weißt schon, dass unter Maos Herrschaft und Kulturrevolution zig Millionen Menschen gestorben sind und Traditionen und kulturelle Werte genau wie kostbare

Artefakte zerstört wurden? Allein durch die von ihm ausgelöste Hungersnot um 1960 sind etwa 45 Millionen Menschen gestorben. Das war die größte von Menschen verursachte Hungersnot der Geschichte."

„Was? Ich verstehe nicht viel, du redest schnell. Mao hat Menschen getötet? Woher hast du Information?", fragte sie in ihrem abgehackten, irgendwie niedlichen Englisch.

„Ich habe einen VPN-Client installiert, um die chinesische Firewall zu umgehen, und dann die Informationen auf Wikipedia nachgelesen", erklärte ich.

„Was ist VPN? Und was ist Firewall?", fragte sie verwirrt und schaute mich stirnrunzelnd an.

Ihr Englisch war für chinesische Verhältnisse zwar gut, aber bei schwierigen Themen war die Sprachbarriere mehr als offensichtlich, insbesondere da ich erhitzt und somit sehr schnell sprach. Die Fachbegriffe taten ihr Übriges. Also erklärte ich ihr langsam, was ein VPN-Client war, wie das chinesische Internet funktionierte und was im weltweiten Internet über Mao geschrieben stand. Nach einer Weile verstand sie es, so glaubte ich zumindest. Erst war sie überrascht über meine Worte. Dann lachte sie und schüttelte ungläubig den Kopf. Anschließend wechselte sie abrupt das Thema, um nicht mehr über Politik zu reden.

Sie lerne schon genug über Mao in der Universität, sagte sie. Jeder Student müsse die ganze Geschichte lernen, egal was man studierte. Selbst sie als Biologiestudentin. Daher wisse sie genug. Und dass Mao nicht perfekt war, hatte sie gelernt, aber es wären definitiv nicht so viele Leute gestorben. Sie wiederholte noch einmal: „Mao war 70 % gut und 30 % schlecht. Aber jetzige Politiker sind 100 % gut. Und jetzt lass uns anderes reden. Ich habe heute nicht Lust auf Englisch lernen. Zu viele Wörter. Lass uns heute Abend ins Kino gehen? Hinten ist ein Einkaufszentrum mit Kino. Die Filme sind auf Englisch mit Untertitel."

Ich lachte, dann fragte ich unverblümt: „Angel, fragst du mich nach einem Date oder ist das freundschaftlich? Soll ich noch andere Leute fragen, ob sie mitkommen wollen?"

Ich konnte nicht anders, als direkt zu fragen. Es war typisch für mich, mit dem kommunikativen Vorschlaghammer direkt ins Gesicht zu klöppeln.

Angel ging bei der Frage unwillkürlich einen Schritt zurück und sah auf ihre Schuhe. „Nein, nein. Du verstehst falsch. Kein Date. Nur Freunde. Frag andere Leute."

Ich schaute sie neugierig an, wie sie Richtung Boden guckte. So nett Angel auch war, ich hatte keine große Lust auf eine romantische Verabredung. Ich war nur für ein Semester hier und hatte keine Ahnung, ob man mit Chinesinnen einfach nur Spaß haben konnte. So gerne ich mich austoben wollte, so wenig wollte ich jemandes Gefühle verletzen. Insbesondere nicht meine eigenen.

Aber sie hatte gesagt, es sollte kein Date sein, also willigte ich ein. Hätte ich Allan doch nur besser zugehört, als er über den Gesichtsverlust in China gesprochen hatte. Es gab nichts Schlimmeres für Chinesen, als sich vor anderen zu blamieren, ja, die eigene Ehre infrage gestellt zu bekommen. Konfrontationen wurden möglichst vermieden. Wenn ich ihren Vorschlag, ins Kino zu gehen, mit einem Nein beantwortet hätte, wäre es schon schlimm genug gewesen. Aber in dem Wissen, dass es eigentlich um ein Date ging? Katastrophal. Kein Wunder also, dass Angel meine direkte Frage geschickt umgangen hatte. Ich Narr. Wie wenig ich doch von der chinesischen Kultur verstanden hatte.

Wir verabschiedeten uns für den Augenblick. Die nächsten Stunden verbrachte ich zu Hause im Wohnheim, machte ein paar Chinesisch-Hausaufgaben und fragte verschiedene Bekannte, ob sie mit ins Kino wollten. Keiner wollte.

Später am Abend trafen Angel und ich uns am Südausgang der Universität. Sie hatte genau wie ich niemanden mitgebracht, ein gefährliches Indiz. So spazierten wir zu zweit in Richtung Kino. Der Weg war weiter und grauer, als ich erwartet hatte. Überall Beton, Baustellen, Staub und Verkehr. Teilweise wurde es sogar gefährlich, als der Bürgersteig einfach aufhörte und wir auf einer vielbefahrenen

Straße gehen mussten. Nicht dass die Bürgersteige allgemein viel von Nutzen waren. Häufig waren sie komplett zugeparkt, sodass man sich auf der Straße spazierend fortbewegen musste. Wir hätten auch ein Taxi nehmen können, aber als armer Student hatte ich an diese Option gar nicht gedacht. In Deutschland war eine Taxifahrt für mich unerschwinglich und ich hatte noch keine Ahnung von den günstigen Preisen in China.

Zum Glück kamen wir sicher im Kino an. Dort wartete der nächste kulturelle Unterschied auf mich. Viele Hollywoodfilme waren zensiert oder wurden gar nicht erst angeboten. An diesem Abend schauten wir einen mir unbekannten Actionfilm, in dem komische Zeitsprünge vorkamen, da zu brutale oder sexuelle Szenen herausgeschnitten waren. Dafür versuchte ich die chinesischen Untertitel zu entziffern und freute mich jedes Mal, wenn ich ein Schriftzeichen wiedererkannte. Es waren ganz einfache Wörter wie „du", „ich" oder „haben", aber das Glücksgefühl über meinen Fortschritt war unbeschreiblich.

Ansonsten passierte nichts Ungewöhnliches. Ich legte nicht meinen Arm um Angels Schulter, wir schauten uns nicht tief in die Augen und ich erkannte kein Meer voller Sehnsüchte im Spiegelbild ihrer Pupillen. Wir schwiegen die meiste Zeit während des Filmes und unterhielten uns nur oberflächlich auf dem Rückweg.

Umso überraschter kam für mich der Moment des Abschiedes. Ich hatte noch die alte Gentleman-Schule von meinem Großvater gelernt und manchmal schien sie durch meine ansonsten narzisstische Fassade der Generation Y. So geleitete ich Angel bis zu ihr nach Hause, obwohl es am anderen Ende vom Campus lag. Wie ich schon sagte, bin ich ein sehr direkter Mensch. Ich sage, was ich denke, und gebe gerne ehrlich gemeinte Komplimente. Da der westliche Film für mich eine sehr schöne Ablenkung vom alltäglichen Kulturschock war und ich Angel sympathisch fand, bedankte ich mich bei ihr für die schöne Zeit.

„Du bist ein toller Mensch, Angel. Ich mag dich", sagte ich und umarmte sie.

Als ich mich wieder von ihr löste, schaute sie mich kurz schüchtern an und sah schnell wieder auf ihre Schuhe. Dabei drehte sie ihre rechte Fußspitze in den Boden, als würde sie eine imaginäre Zigarette ausdrücken. Ihr nächster Satz traf mich vollkommen unvorbereitet:

„Ist das da, wo du herkommst, … Ist das eine Frage, ob du mit mir gehen willst?"

Ich starrte sie mit offenem Mund an. *Das hatte sie jetzt nicht gesagt, oder?* Ich brauchte einen Moment, um mich zu sammeln, und antwortete dann.

„Ähm. Also … äh … nein."

„Oh. Ach so. Wie würdest du das denn dann machen?", fragte sie.

„Wenn ich mit jemanden zusammenkommen möchte?"

Sie nickte.

„Dann würde ich die Person wahrscheinlich küssen." Ich zuckte mit den Schultern.

Sie blickte mich mit großen Augen an. „Küsst du mich jetzt?", fragte sie.

Ich musste in diesem Moment unglaublich blöde ausgesehen haben. Wie ich sie fassungslos und mit offenem Mund anstarrte, während ich mich völlig fehl am Platz fühlte. Ich fing sogar an zu stottern.

„D-das hatte ich jetzt nicht vor. A-also, du bist toll, aber ich denke, ich gehe jetzt mal nach Hause."

Ich umarmte sie noch einmal, was wahrscheinlich sehr dumm war, und flüchtete schleunigst.

Am nächsten Morgen bekam ich eine Nachricht von Joe.

Herzlichen Glückwunsch!, stand auf meinem Handy. Ich scrollte runter. Nein, das war alles.

Danke! Für was denn?, fragte ich zurück. Ich war noch etwas verschlafen und hatte keine Ahnung, worum es ging.

Haha, du bist witzig. Du brauchst nicht so geheimnisvoll zu tun, die ganze Uni weiß Bescheid. Du bist verliebt! Alles Gute für dich und Angel!

Ich starrte ungläubig auf mein Handy.

Kapitel 17

Über chinesische Liebesbeziehungen

Samstag, 15. März 2014. Technische Universität Dalian, China.

Gibt es ein Buch aus der Dummies-Serie über chinesische Liebesbeziehungen? Ich hätte es sofort gekauft, denn ich hatte keine Ahnung, was ich in meiner Situation unternehmen sollte. Also tat ich, was jeder ahnungslose 25-Jährige machen würde: Ich googelte.

Informationen fand ich zuhauf auf verschiedenen Websites. Von allgemeinen Tourismusinfos für den interessierten Reisenden bis hin zu Tipps für den liebeshungrigen, aber liquiden Solo-Rentner auf der Suche nach seiner späten Liebeserfüllung war alles dabei. Thailand wurde übrigens hoch gehandelt, falls ihr interessiert seid.

Mein erster Treffer besagte, dass Beziehungen in China sehr moralisch geregelt und auch gesetzlich stark reglementiert sind. Es sei üblich, schnell zu heiraten und ein Kind zu bekommen. EIN Kind, nicht mehr. Dafür hatte die Politik gesorgt. Obwohl die Ein-Kind-Regel mittlerweile etwas aufgelockert worden war. Dem ersten Sexualpartner sei man übrigens sein ganzes Leben lang treu - natürlich. So viel zu sexuellen Abenteuern mit Chinesinnen.

Der zweite Treffer zeigte eine eher sozio-materielle Perspektive. Um bei chinesischen Frauen und ebenso deren Eltern punkten zu können, musste man Prestige in Form von Statussymbolen und Reichtum vorweisen können. Also ein schickes Auto nebst gutem Job und damit finanzielle Sicherheit. Man kümmerte sich traditionell um die chinesischen Eltern, sobald diese arbeitsunfähig wurden. Wenn man selbst Kinder bekam, zogen die frisch gebackenen Großeltern ihre neuen Enkelkinder groß. Dieses familiär organisierte Sozialsystem hatte sich aufgrund des Fehlens einer staatlichen Rente entwickelt. Es war derart in die Kultur integriert, dass der Mann beim Kennenlernen der Schwiegereltern einen Schlüsselbund mit drei Schlüsseln in die hintere Hosentasche steckte: einen für das Bankfach, einen für das Auto und einen für das Eigenheim. *Sollte ich jetzt für Jahrzehnte dazu verdammt werden, Geld zu scheffeln, und meine neuen Schwiegereltern als potenzielle Nannys zu finanzieren?*

Der dritte Treffer beruhigte mein Kartoffelherz immerhin ein wenig. Seit den 90er-Jahren öffneten sich die Chinesen langsam der westlichen Kultur. Nicht nur McDonalds veränderte das äußere Gesellschaftsbild, auch Händchenhalten in der Öffentlichkeit wurde zunehmend akzeptiert. Scheidungen kamen vor, auch wenn diese immer noch mit Missfallen betrachtet wurden. Und die Schwiegereltern waren nicht mehr omnipräsent. Ich sah über meine Schulter. Nein, keine Schwiegermutter trieb ihr Unwesen auf meinem Balkon und bügelte die Wäsche. Das war gut, oder?

Zu guter Letzt entdeckte ich den Erfahrungsbericht eines jungen Mannes, der ebenfalls ein Semester in China studiert hatte. Er war mitten auf der Straße von einer jungen Chinesin angesprochen worden. Sie wollte ein harmloses Foto mit ihm knipsen. Daraus wurde dann jedoch, zack, eine Liebesbeziehung. Das kam mir bekannt vor. Dieser Student hatte sich auch noch in die Chinesin verliebt, sie führten ihre Beziehung nach seinem Auslandssemester von zu Hause per Skype weiter. Ende offen.

Was sollte jetzt aus mir werden? Ich dachte an meine neue Reputation an der Uni und sah bereits imaginäre Schlagzeilen vor mir: „Verzweifelter Auslandsstudent mischt lokalen Heiratsmarkt auf." Oder „Deutscher – seit zwei Wochen in Dalian - defloriert chinesische Jungfrau im Kino." Mir wurde ganz schwindlig.

Bevor ich mich zu sehr in düsteren Untergangsszenarien verlor, schaltete ich meinen Rechner aus. Ich entschied mich dazu, Angel direkt zu konfrontieren. Vielleicht hatte ich ja eine Veto-Möglichkeit in diesem ganzen Beziehungsding? *Oder sollte ich das Spiel mitspielen?* Dafür musste ich aber erst einmal die Spielregeln besser kennenlernen. Das alles trieb meine Neugierde an. Die chinesische Kultur war ganz anders und solch ein Liebes-Experiment sicherlich interessant. Oder war das moralisch verwerflich? *Ja, auf jeden Fall.* Schließlich spielte ich mit den Gefühlen einer anderen Person, sogar mit meinen eigenen. Schließlich wollte ich nicht als emotionales Wrack und unglücklich verliebt in die Heimat zurückkehren. Aber sich deswegen zu verstecken, empfand ich als langweilig. Und wenn Moral zu den chinesischen Gesellschafts-Standards gehörte, war das neu für mich. China war das Land ohne Urheberrecht, der Staat unmoralischer Überwachung, das Fleckchen Erde, wo allein die Erwähnung des Dalai Lamas verboten war, das Gebiet, wo Friedensnobelpreisträger im Gefängnis landeten, und das Internet, in dem Bilder von Winnie Puuh zensiert wurden.[4]

Was bedeutete hier schon Moral? Und ich wollte mich ja schließlich kulturell anpassen.

Ich zückte mein Handy und schrieb Angel eine oberflächliche Nachricht, ob wir uns sehen könnten. Wir konnten. Sie lud mich zu einem Badminton-Wettbewerb an der Uni ein, bei dem sie mitspielte. Erst nach der Nachricht fiel mir auf, dass ich den kompletten Tag über Wirtschaftskurse hatte. Da ich Angel nicht direkt wieder absagen wollte und ich mich sowieso nicht auf die Uni konzentrieren konnte, entschied ich mich zu einem freien Tag. Es sollte

---

4 2013 wurde Staatspräsident Xi Jinping von einem Internetnutzer mit Winnie Puuh verglichen. Der Beitrag wurde schnell zensiert, aber gerade deswegen wurde es schnell zu einem weltweiten Spaß. Friedensnobelpreisträger und krebskranker Liu Xiaobo machte aus dem Gefängnis heraus mit. Seine Frau und er hielten Winnie-Puuh-Tassen in die Kamera eines Journalisten. Liu Xiaobo wurde daraufhin eine Behandlung im Ausland verwehrt und er starb am 13.07.2017 im Gefängnis. 2018 wurde der Kinofilm „Winnie Puuh“ in China verboten.

nicht mein letztes Schwänzen gewesen sein, doch ein durchaus richtungsweisendes.

Einige Zeit später betrat ich eine Sporthalle voll schwitzender Frauen. Angel zerstörte gerade mit gewaltigen Aufschlägen die Hoffnungen ihrer Gegnerin. Schnell war ihr Match vorbei und sie stand als eindeutige Siegerin fest.

Als sie zu mir trat, veränderte sich ihr Benehmen vollständig. Ihre plötzliche Schüchternheit stand im krassen Kontrast zu ihrer sportlichen Effizienz und ihrem brachialen Vorgehen von vor wenigen Augenblicken. Nun stand sie vor mir, schaute zu Boden und lächelte leicht.

„Hallo", sagte sie nur.

„Hallo", sagte ich. Ich fühlte mich in die Pubertät zurückkatapultiert.

Plötzlich nahm sie mich am Arm und zog mich in die Richtung einer jungen Frau, die vom Rand aus einem weiteren Spiel zusah.

„Ich möchte dich meiner Freundin und Mitbewohnerin vorstellen, das ist Chen Lu." Auf einmal quietsche jemand laut in mein Ohr. Es war Chen Lu. Die eine Hand vor den Mund haltend zeigte sie mit der anderen auf uns, genauer auf Angels Hand, die mein Handgelenk umfasst hielt.

„Aaaah, ihr seid wirklich zusammen? Das ist ja Wahnsinn!" Sie quietschte noch einmal und rannte eilig davon, wahrscheinlich um es weiteren Personen zu erzählen.

„Ähm, Angel, können wir uns irgendwo in Ruhe unterhalten?", fragte ich. Ich fühlte mich von der Szene etwas überfordert.

„Ja, klar. Lass uns mit Chen Lu essen gehen", antwortete sie.

So viel zum Thema Ruhe. Brauchte sie etwa einen Anstandswauwau? Na gut. Sobald wir Angels Mitbewohnerin wieder eingesammelt hatten, verließen wir die Sporthalle und begaben uns zu einem chinesischen Barbecue.

In einer halbmondförmigen Metallschale rauchte Kohle glimmend vor sich hin. Als der Mann vom Restaurant sie mit einem Stück Pappe anfächerte, leuchtete sie hell auf. Einige Fleischspieße schwitzten auf dem Rost und die halbe Straße lag verqualmt im Nebel. Wir setzten uns in bunte Plastikstühle, die neben dem Feuer aufgestellt worden waren. Angel und Chen Lu unterhielten sich auf Chinesisch über die Speisekarte gebeugt, während mir der Rauch ins Gesicht wehte. Als Chen Lu zum Grillmeister ging und die Bestellung aufgab, nutzte ich meine Gelegenheit und beugte mich flüsternd zu Angel hinüber.

„Ich habe gehört, wir seien in einer Beziehung?", fragte ich stumpf.

Angel blickte mich verwirrt an, dann legte sie ihre Hand auf meinen Oberschenkel.

„Natürlich. Was denn sonst?", fragte sie zurück.

„Ja, was denn sonst", murmelte ich leise. Dann nickte ich wackeldackelartig, während ihre Mitbewohnerin mit dem Essen erschien.

Wir aßen schweigend, während Angels Hand immer noch auf meinem Bein lag. Ich entschied mich kurzerhand dazu, das Beste daraus zu machen. Vermeintlich heimlich still und leise ergriff ich Angels Hand unter dem Tisch. Ihre Mitbewohnerin sah es natürlich und quietschte leise.

Während der Rauch in meinen Augen brannte und der Grillmeister wedelnd seinen Funkenregen in den Himmel schickte, begann sich auch in mir ein kleines, wärmendes Kribbeln auszubreiten. Ahnungslos und völlig naiv ließ ich mich im aufregenden Strom einer mir immer noch völlig fremden Kultur treiben, ohne zu wissen, welche Biegungen der Fluss noch einschlagen würde.

Kapitel 18

Party Western-Style

Nachts von Samstag 15. März 2014 auf Sonntag 16. März 2014. Disko JD's in Downtown Dalian, China.

Plüschpanda-Jogginganzüge wippten neben Miniröcken und Smokings außerhalb des Taktes, während die Poledance-Stange von einem pelzigen Rücken glatt gerieben wurde. Eine Katze räkelte ihre flauschige Hinterseite am Metall und verschiedene animalische Freunde johlten und jaulten um sie herum. Tollpatschige Pandas waren eindeutig in der Überzahl und wirkten mit ihrem tapsigen Verhalten durchaus authentisch.

Ich kann diese Bilder nicht mit LSD erklären, denn in meinem Blut pulsierten nur Whisky und Bier, davon jedoch mehr als reichlich. Ich war im JD's, einer von nur zwei Diskotheken der Sechs-Millionen-Einwohner-Stadt. Pro Nachtclub lebten hier also fast so viele Chinesen, wie es Aufrufe pro mittelmäßigem Katzenvideo auf YouTube gab: scheiße viele. Die Nachfrage nach angetrunkenem Herumgezappel war somit noch nicht allzu hoch, sodass von drei Millionen potenziellen Gästen gerade mal genügend Leute anwesend waren, um diesen doch recht kleinen Laden zu füllen. Dieses Land lernte erst seit Kurzem, was man in Diskotheken überhaupt machte. Zumindest wenn man abseits der modernen Metropole Shanghai lebte, wo es bereits wesentlich mehr solcher Etablissements gab. Doch das würde ich erst auf meinem baldigen Shanghai-Trip erfahren.

Um das fremdartige Ambiente in diesem Nachtclub ausreichend verstehen zu können, fehlt es euch noch an einem essenziellen Detail. Chinesen gehen mit ihren heißgeliebten Jogginganzügen überallhin. Wirklich überallhin. Einkaufen, spazieren, arbeiten, ja, sogar ins Fitnessstudio. Und somit gingen sie damit auch, es wird euch nicht überraschen, in diese Disko. Interessant war dabei, dass die Quasi-Schlafanzüge nicht nur als farbig frohe Sportoutfits daherkamen, sondern ebenso als tierische Verkleidungen. Am besten vollzog man die Kleiderwahl im putzigen Partnerlook mit der besten Freundin, dem Freund bzw. der Freundin oder gar mit dem Lieblingshaustier. Letzterer trug den sportlichen Anzug wie so viele bestenfalls zur Kaschierung der eigenen Unsportlichkeit.

Um Leibesertüchtigung ging es bei den Jogginganzügen jedenfalls selten. Wichtig war hierbei eher die dargestellte Verbundenheit mit den Liebsten durch eine Form der materiellen Identität. In Deutschland dagegen war das gleichzeitige Ausführen uniformer Kleidungsstücke ein schrecklicher Fauxpas. Mindestens eine Person eilte dann schnellstmöglich nach Hause, um sich umzuziehen. In China jedoch existierte ein regelrechter Kult des Trachtens nach identischen Trachten. Diese kulturelle Notwendigkeit machte das ansonsten westlich angehauchte Clubleben im JD's zu einem animalischen Erlebnis. Es gab fast schon ein kleines Tiergehege. Aber über Diskotiere diskutiere ich nicht, denn europäische Clubs sind ja im Prinzip auch nur ein versteckter Streichelzoo.

Am Anfang des Abends waren die verkleideten Gäste für mich überaus hervorstechend, doch nüchtern betrachtet waren sie massiv in der Unterzahl. Allgemein zeichnete das Publikum ein mir eher bekanntes Bild, die Frauen geschminkt und die Männer betankt. Nun ja, ehrlich gesagt waren die Frauen ebenfalls ziemlich betrunken.

Bei näherer Betrachtung fielen mir jedoch weitere kontrastreiche Unterschiede zu deutschen Clubs auf. Es stellte zum Beispiel einen wirklich seltenen Moment in meinem bisherigen Nachtleben dar, dass ich die gegenüberliegende Wand erblicken konnte. Das lag nicht an einer besseren Beleuchtung, auch nicht an einem möglicherweise mangelnden Alkoholpegel. Nein, die geistig umnachtende Wirkung des Schnapses zur unfreiwilligen Kurzsichtigkeit funktionierte wie immer einwandfrei und so sah ich die Wand einigermaßen verschwommen. Aber ich sah sie. Dieser neuartige Überblick erklärte sich ausschließlich durch die Durchschnittsgröße des mich umgebenden Publikums. Fühlte ich mich ansonsten wie der zärtliche Spross einer schlecht genährten und zu kurz geratenen Kartoffelpflanze, die inmitten der Stammlandschaft eines hoch gewachsenen deutschen Laubwaldes nach Sonnenlicht gierte, befand ich mich nun in der eher hüfthohen Monokultur eines exotischen Reisfeldes. Ich war zwar nicht unbedingt größer als die mich umgebende Masse, aber wenn ich mich streckte, so konnte ich doch freudig erregt über die Menge hinwegsehen. Der freie Blick auf die gegenüberliegende Seite stellte somit ein Novum für mich dar. Ich fühlte mich hochgewachsen wie nie zuvor.

Beflügelt von meiner neu gewonnenen Größe war es umso härter für mich, dass die Damen sich nur marginal für mich interessierten. Damit sollte ich am eigenen Leib erfahren, wie oberflächlich die Menschen hier sein konnten. Nicht dass es ein weltweit einzigartiges Phänomen wäre. Die narzisstisch geprägten Verhaltensweisen der jungen und junggebliebenen Menschen wurden spätestens seit den 2010er-Jahren durch Instagram und Co. noch weiter verstärkt und China hatte die umfangreiche Nutzung von Fotofiltern in Smartphone-Applikationen sogar noch auf ein neues Level gehoben. Für mich war der Begriff Spiegelreflex ein Kamerasystem, um hochwertige Bilder zu knipsen. In China war der Spiegelreflex das reflexartige Bedürfnis der Menschen nach einem Selfie, sobald sie sich in einem Badezimmer aufhielten. So schickten mir unbekannte Personen via WeChat bearbeitete Fotos aus verschiedensten Toiletten Chinas. Das absurdeste Selfie war eine verzerrte Aufnahme, auf dem die Augen der Dame zu comicartigen Riesengebilden umgewandelt waren. Mein anschließend furchtsames Zusammenzucken vor diesen Monstrositäten war dann mein neuer Spiegelreflex. Schönheit liegt im Auge des Betrachters. Oder eben im Auge der Betrachteten …

Die omnipräsente Oberflächlichkeit erreichte auf dem chinesischen Flirtmarkt ein fast schon absurdes Niveau. Wenn beinahe jede Frau in einer relativ kleingewachsenen Bevölkerung nach einer Mannesgröße trachtete, die weit über der landesweiten Durchschnittsstatur lag, verstand ich das Problem der erfolgreichen Durchführung der 1-Kind-Politik nicht. Dieses Volk sollte doch eigentlich vom Aussterben bedroht sein. Aber gut, wahrscheinlich gab man sich nach erfolgloser Suche auch hier mit einem Partner unter seinen Wunschvorstellungen zufrieden. Damit siegte wohl wie überall der Pragmatismus.

Daher tanzte ich nun für mich allein. Kein Problem, ich war ja seit heute in einer Beziehung, oder nicht? Somit befand ich mich an diesem Abend sowieso nicht auf einer triebgesteuerten Jagd. Mir waren die oberflächlichen Abfuhren, die ich ungefragt und zuhauf bekam, natürlich völlig egal. Dass ich aufgrund meines in China eher ungewohnt dichten Bartwuchses auf 35, bisweilen sogar auf 45 Jahre geschätzt wurde, traf mich nicht im Geringsten. Eine Beinahe-Verdopplung meines realen Alters zeigte nur meine geistige Reife und Eloquenz. Ich war auch nicht einsam trinkend an der Bar vorzufinden, weil es mich doch irgendwie berührt hätte. Nein, es gab bequeme Sofas für solche Gelegenheiten. Auf einer der Couchen saß Tuomas, der blonde, 1,90 Meter große Finne mit dem Ziegenbärtchen. Dass sich keine Chinesinnen mit ihm auf dem Sofa tummelten, mag wohl an seinem Irokesen und dem eher punkigen Äußeren gelegen haben. Oder an den zwei leeren Whiskyflaschen neben ihm. Oder daran, dass er schlief.

Als ich mich neben ihn setzte, wachte er desorientiert blickend auf. Kurzerhand zog er mich auf seinen Schoß und drückte mich wie ein kleines Mädchen seinen Teddybären. Auf meine Stupser gegen seine Stirn und mein wiederholt gezischtes „Tuomas?! Tuomas?! … Tuomas?“ reagierte er gar nicht.

Plötzlich spürte ich einen festen Griff in meinem Nacken. Ein kräftiger Mann zerrte mich ruckartig vom Schoß des Finnen hinunter und chinesische Beschimpfungen prasselten auf mich ein. Als mein Hals wieder freigelassen wurde, schwankte ich leicht. Eine Gruppe chinesischer Partygäste hatte sich anscheinend über die homosexuellen Frivolitäten beim Personal beschwert. Allgemein wurde Zärtlichkeit nicht gerne gesehen, aber eine gleichgeschlechtliche Bekuschelung in der Öffentlichkeit? Das war ein Ausdruck der Perversion! Zum Glück war Tuomas, kaum dass ich seinen Schoß verlassen hatte, auch schon wieder eingeschlafen. Der Sicherheitsbedienstete gab sich schnell damit zufrieden, als ich mich schleunigst von den Sofas entfernte.

Dann war es eben Zeit, über die sonstigen Besonderheiten eines chinesischen Nachtclubs zu sinnieren. Ich bestellte mir ein Bier für umgerechnet 4 Euro. Für eine Flasche Whisky, die meine europäischen Bekannten zuhauf bestellten, wurden knapp 50 Euro veranschlagt. Was in Europa durchaus durchschnittliche Preise darstellte, war in China exklusiver Luxus. Ein hiesiger Student hatte ungefähr 120 bis 200 Euro im Monat zur Verfügung. *Im Monat!* Davon musste er seine Miete, Lebensmittel und weitere Ausgaben bezahlen. Nahm man einen gutverdienenden Taxifahrer, konnte dieser jeden Monat mit immerhin 700 Euro nach Hause gehen. Wollte man mit diesem Geld im JD's einen schönen Abend verbringen, konnte man sich für den Rest des Monats womöglich kein Essen mehr kaufen. Ob die teuren Preise für den Clubbetreiber die einzige Möglichkeit waren, das Geschäft rentabel zu führen, oder ob umgekehrt diese künstliche Verteuerung den reichen Chinesen eine exotische Exklusivität vorgaukeln sollte und somit einen Teil des Konzeptes darstellte, konnte ich nicht sagen. In jedem Fall war es nur den reichen Chinesen möglich, sich einen Abstecher ins JD's zu leisten. Oder solchen Damen, die sich von wohlhabenden Herren haushalten ließen. Ob sich umgekehrt Männer wohlhabenden Frauen anbiederten, war mir unbekannt. Die Kundschaft bildete sich also aus Ausländern, deren nicht asiatischen Anteil ich auf 10 bis 20 % schätzte, Business-Chinesen im Anzug und opportunistischen Offensiv-Flirterinnen.

Die asiatische Kundschaft hatte sich anfangs noch unauffällig verhalten. Während sich ein paar Russen, Franzosen und Südamerikaner schon früh auf der Tanzfläche ausgebreitet hatten, tranken sich die Asiaten in nischenartigen Bereichen Mut an. Anders als in Deutschland waren die Tische durch Stellwände eindeutig voneinander abgegrenzt. Der Chinese bestand auf seine Privatsphäre. Außerdem zeigte er seinen Reichtum dadurch, dass er mit massenhaft Getränken protzte. Die Tischplatten bogen sich unter dutzenden Champagner-, Schnaps- und Bierflaschen. Diese Quantität an Alkohol konnten die bestellwütigen Partygäste natürlich nicht vertilgen, was diesmal nicht an mangelnden Genen zum effizienten Alkoholabbau lag. Ehrlich gesagt hätte selbst eine amerikanische Footballmannschaft bei dieser Menge weiche Knie bekommen. Doch darum ging es überhaupt nicht. Es musste schlicht gezeigt werden, dass man sich den ganzen Alkohol leisten konnte.

Nach ausreichendem Konsum der bereitgestellten Getränke hatte es wohl irgendein geheimes Zeichen gegeben, denn ein Großteil der zuvor sitzenden Kundschaft begab sich choreographieartig auf die Tanzfläche. Einstudierte Bewegungen wurden aufgeführt, wie man sie aus indischen Bollywood-Produktionen kennt. Dabei wurden sie von den zuschauenden Massen begeistert beklatscht. Ich blinzelte irritiert. Das war neu für mich.

Beim Feiern gehe ich häufig auf pseudo-philosophische Gedankenreisen. *Warum sind Menschenwesen derart stupide, sich zu Schlafenszeiten in kleinen Räumen eingezwängt zu monotoner Musik mehr oder weniger rhythmisch im Kreis zu bewegen?* Anstandsgrenzen wurden durch bewusstseinsverändernde Substanzen gesprengt und die körpereigenen Triebe brachten das Animalische zum Vorschein. Manche Chinesen waren wenigstens so ehrlich, diesen Charakterzug auch auf ihren Kleidungsstil zu übertragen. *Was treibt uns an? Ist es die Nähe zu sekundär-geschlechtlichen Hinterteilen? Oder sind es doch die primären Geschlechtsteile? Bewegt die Rhythmik des Basses in ehrlicher Art und Weise das Herz? Kann es sein, dass ich diesen Absatz betrunken geschrieben habe, um eine möglichst realistische Wiedergabe jenes Partyabends zu ermöglichen?*

Ja, das kann durchaus sein.

Irgendwann siegte schließlich die Müdigkeit über den Alkoholpegel. Als meine französischen Freunde einige Nummern abgesahnt hatten, Tuomas wieder aufgewacht war und die Stunde bereits so früh am Morgen schlug, dass unser Studentenwohnheim wieder geöffnet wurde, fuhren wir beduselt und hundemüde durch die halbe Stadt zurück nach Hause. Dass die einstündige Fahrt im Taxi weniger als ein Bier im Club kostete, war das Letzte, woran ich dachte, bevor ich auf der Rückbank friedlich einschlief.

2. Zwischenspiel

Mein neuer Name

Heute. Köln, Deutschland.

Gott ist gütig", sage ich und blicke von meinem Buch auf. Ich erhebe mich von meinem Platz und stelle mich priesterlich vor die Couch. Annika und Peter blicken mich verwirrt an. Ich zücke zwei Zettel, auf denen ich eine kleine Rede vorbereitet habe.

„Namen haben Macht. Das scheint uns hier in Deutschland häufig gar nicht bewusst zu sein. Gott ist gütig. Das ist die ursprüngliche Bedeutung meines Namens. Meines deutschen Namens, Tobias. Es stammt von der griechischen Form des hebräischen *Tuvijah* und hat somit eine weite Reise hinter sich.

In Europa nennen viele Menschen ihre Kinder nach religiösen Vorbildern, häufig ohne es zu wissen. Peter wurde abgeleitet vom Apostel Petrus. Julia kommt von Julius, dem Enkel der Göttin Venus. Elias bedeutet ‚der von Gott Auserwählte' – nicht zu verwechseln mit Neo, dem von der Matrix Auserwählten. Maria ist ‚die von Gott Geliebte', immerhin hat der Allmächtige sie auch jungfräulich geschwängert. Gottfried bedeutet ‚der Friede Got…' Also, ihr versteht, worauf das hinausläuft."

Mein Blick gleitet über meine beiden Zuhörer. Dann fahre ich mit erhobener Stimme fort.

„Wer macht sich heutzutage noch Gedanken über Namensherkünfte? In Deutschland kaum jemand. Mittlerweile denken viele Ruhrpottler, Jaqueline käme nicht von Jakob, sondern wech von de Regale. Und wenn man Mohammed fragt, woher er kommt, wäre die einzig richtige Antwort: Aus meiner Mutter, du Horst! Dabei bedeutet Mohammed, genau wie Ahmad, Hamid oder Mahmud ‚der Lobenswürdige‘. Also denkt auch mal daran, anstatt sie wegen ihrer Namen zu diffamieren.

Und Kevin zum Beispiel, Kevin ist Neudeutsch für ‚Hauptschule‘. Kevin gibt man dann eben eine Note schlechter in der Klassenarbeit. Das ist die traurige Seite der Macht von Namen. Dabei kommt Kevin ursprünglich aus dem irischen Caoimhin und heißt ‚der Anmutige von Geburt an‘.”

Ich blicke Annika an und frage mit erhobener Stimme: „Du, wie heißt du?”

Sie schaut zunächst verwirrt hinter sich, sobald sie meine Geste jedoch richtig deutet, räuspert sie sich. „Ähm … Annika.”

„Und was bedeutet das?”, frage ich.

Sie verzieht das Gesicht. „Ich habe keine Ahnung.”

„Genau!”, rufe ich. „Wir haben keine Ahnung mehr. Kaum jemand spricht mehr Alt-Hebräisch, Latein oder Griechisch. Im Vergleich zu unserer hat die chinesische Kultur im Laufe des letzten Jahrhunderts zwar vieles verloren, doch die Namensbedeutungen sind den Menschen noch immer bekannt.

In China sind die beliebtesten männlichen Vornamen: Dan, Li, Mian, Bo, Tian, Han und Chi. Nicht zu verwechseln mit den beliebtesten weiblichen Vornamen: Dan, Li, Mian, Bo, Lien, Han und Xia. Das klingt nicht nur gleich, das IST zum Großteil gleich. Die Namen haben dann so blumige Bedeutungen wie ‚der starke Bär‘ oder ‚der zweifelnde Richter‘.

Auch ich bekam in meinem Chinesischkurs einen neuen Namen. Fortan hieß ich: *Ān Xù (安旭)*, ‚der gelassene Sonnenaufgang‘.

Das Wort *Ān (安)* bildet sich aus dem Schriftzeichen für *Frau* (女), das sich unter einem Dach befindet. Es bedeutet Frieden oder Gelassenheit. Ich mag den Optimismus der Chinesen. Nimmt man das Schriftzeichen für *Schwein (豕)*

und packt es unter ein Dach, bedeutet das übrigens *Familie (家)*. Das kann man dann deuten, wie man will.

Ān wird langgezogen und hochfrequent ausgesprochen, so als würde ein kastrierter Rapper ‚Ahnma' singen. Übrigens, das Wort *Ma (吗)* wird im Chinesischen am Ende hinzugefügt, um eine Frage zu bilden, ganz ohne umständliche Satzumformungen oder schwierige Grammatik. Damit erklärt sich auch endlich, was die Beginner uns mit ihrem verwirrenden Lied sagen wollten: ‚Was los Digga, Frieden?'

Das Wort *Xù (旭)* wird fast so ausgesprochen, wie ein Teekessel seinen Wasserdampf hinausstößt. Ein kraftvolles, feucht spritzendes *Schüüüüüü*.

Aber *Xù* wird eher abgehackt gesprochen, so kurz wie das Zischen eines vorbeifliegenden Pfeiles. Damit wären wir auch schon bei der Bedeutung dieses Wortes, denn das zum *Schü* gehörige Schriftzeichen hat eine Geschichte zu erzählen. *Xù* bedeutet *Sonnenaufgang* und wird zusammengesetzt aus den Schriftzeichen *Jiu (九 - Neun)* sowie *Ri (日 - Sonne)*, also neun Sonnen. Es basiert auf einer echten chinesischen Legende. Auf Neudeutsch geht sie so:

Dereinst gab es zehn Sonnen, welche die Erde aufs Unerträglichste erhitzten. Damals brachte noch keine autoritäre Politik im Deckmantel des Kommunismus die Menschen zum Schwitzen, dafür reichten die zehn heißen Sonnen. Es war eine sehr philosophische Ära, so erleuchtet war die Menschheit.

Doch was sollte man gegen die Hitze der zehn Sonnen tun? Die Rettung nahte in Gestalt eines jungen Mannes, der fast noch ein Jüngling war: *Hòu Yì*. Er wollte neun der zehn Sonnen mit seinem Pfeil und Bogen abschießen. Da niemand anwesend war, um ihn von der physikalischen Unmöglichkeit dieser Tat zu überzeugen, setzte er seine Idee direkt um. Er schoss Pfeil um Pfeil, es machte schüü, schüü, schüü, … und neun der zehn Sonnen waren tot. Die Hitze war fort, das Leben wurde erträglich. Ein Held war geboren, ein Held der neun Sonnen. Ein Held namens *Hòu Yì*.

Das Schriftzeichen *Xù* erinnert an diese Legende, von der es verschiedene Versionen gibt. Ich mochte meinen neuen Namen. Doch ich bin nicht egoistisch."

Ich zeige auf Annika. „Du, Annika, und alle anderen in Deutschland, egal ob Mann, ob Frau! Ihr heißt jetzt Dan, Li, Mian, Bo, Lien, Han und Xia! Merkt euch das! Wir geben allen Kevins, Jaquelines und Mohammeds neue chinesische Namen und leeren damit die Hauptschulen! Endlich eine funktionierende Orientalisierung des Abendlandes! Ahnma?"

Ich setze mich wieder in den alten Sessel meiner Oma, schlage die nächste Seite des Buches auf und fahre ungerührt mit der Lesung fort, während Annika und Peter leise flüsternd an meinem Gesundheitszustand zweifeln.

Kapitel 19

Ein Sonntagsausflug

Sonntag, 23. März 2014. Xing Hai Plaza in Dalian, China.

„Ān Xù?“, fragte mich Qì Xuán. Es war Angel, doch ich versuchte mich an ihren echten Namen zu gewöhnen, so wie sie gerade meinen neuen Namen benutzt hatte.

„Ja?“, fragte ich zurück.

„Nǐ è ma?“, fragte sie auf Chinesisch. Kurz fragte ich mich, ob sie sich übergeben musste, doch dann fiel es mir wieder ein. Ich war nun fast einen Monat in China und meine Sprachkenntnisse waren vergleichbar mit denen eines Babys, das seine ersten vorsichtigen Krabbelbewegungen machte. Mit verbundenen Extremitäten. In einer Achterbahn. Aber das unvergleichliche Kotzgeräusch, das Hunger bedeutete, würde ich wohl niemals mehr vergessen. Außerdem passte es zu meiner Vorstellung, in einer Achterbahn zu sitzen.

„Shì de, wǒ hěn è“, bejahte ich meinen Hunger, indem ich verbal zurückkotzte.

„Oder möchtest du lieber zuerst Achterbahn fahren?“, fragte sie plötzlich auf Englisch.

„Wie bitte?“ Ich fühlte mich ertappt.

„Also, bevor wir essen. Damit dir nicht schlecht wird. Da vorne ist eine Achterbahn.“

Ich folgte mit meinem Blick ihrem ausgestreckten Finger, der von der Küstenlinie weg ins Landesinnere zeigte. Während sich hinter uns die Wellen gegenseitig an Höhe zu überbieten versuchten und Nebelwolken über der Szenerie hingen, blinkten landeinwärts bunte Kirmesbuden in vielschichtigen Farben, um die Aufmerksamkeit der Touristen zu erobern. Wir befanden uns in der Nähe des Xing Hai Plazas am Meer und entlang der Strandpromenade standen kleine Fressbuden. Neben den Häuschen gab es einen Autoscooter, ein in die Höhe ragendes Riesenrad sowie eine kleine, aber dafür ziemlich schnelle Achterbahn.

„Ich hätte mehr Lust auf das Riesenrad. Dann könnten wir uns die Umgebung ansehen", sagte ich. *Und irgendwie ist es romantischer*, dachte ich, traute mich aber nicht, es laut auszusprechen.

Angel nickte und wir gingen los. *Mist. Jetzt hatte ich sie im Kopf schon wieder Angel genannt.* Ich würde mich wohl nie an ihren richtigen Namen gewöhnen. Dennoch versuchte ich es.

„Qì Xuán?", fragte ich, während wir uns in der Schlange anstellten.

Sie sah mich verwundert an, was mich irritierte. Erst später sollte ich erfahren, dass Qi eigentlich ihr Nachname war und ich sie somit recht förmlich ansprach. Wir waren schon ein lustiges Pärchen.

„Was unternimmst du denn sonst so in Dalian? Für unser nächstes Treffen könntest du ja etwas vorschlagen."

Unseren heutigen Ausflug zum Xing Hai Plaza hatte ich geplant, aber ich freute mich immer darüber, lokale Experten zu kennen. Und eine chinesische Freundin aus der Gegend bedeutete sicherlich den Jackpot. Dachte ich.

„Ich weiß nicht", antwortete sie.

„Wie, du weißt es nicht? Unternimmst du sonst nichts, oder weißt du nicht, was du vorschlagen sollst?", fragte ich verwundert.

„Frauen machen keine Vorschläge. Der Mann entscheidet."

Sie sagte das mit einer solchen Selbstverständlichkeit, dass mir der Mund offen stehen blieb. Sandkörner sammelten sich in meinem Rachen und ich musste heftig husten. Als ich mich wieder beruhigt hatte, schüttelte ich ungläubig den Kopf.

„Aber das ist auf so vielen Ebenen falsch!", sagte ich heftig.

Angel alias Frau Qì alias Xuán runzelte die Stirn, aber sagte nichts.

Wir kamen an der Kasse vom Riesenrad an und ich bezahlte für unsere Tickets. Man könnte es auch als Ironie bezeichnen, dass ich mich gerade gegen Sexismus ausgesprochen hatte und sie nun wie selbstverständlich zur Kirmes einlud. Als wir die Gondel bestiegen, fuhr ich etwas diplomatischer fort:

„Natürlich solltest auch du entscheiden dürfen. In meinen Augen hat die Frau genauso viel zu sagen wie der Mann. Außerdem kenne ich die Gegend nicht so gut wie du, also kannst du sicherlich bessere Vorschläge machen. Also, was hältst du davon, wenn du dir für unser nächstes Treffen etwas überlegst?“, fragte ich in liebevollem Ton.

„Das kann ich nicht”, sagte sie kopfschüttelnd. „Das habe ich noch nie gemacht. Das machen nur die Männer.”

Eine kurze Stille folgte, dann sprach sie wieder:

„Guck mal!” Angel zeigte nach unten. „Die Aussicht. Schön.”

Sie legte besänftigend ihre Hand auf meinen Oberschenkel.

Obwohl der Himmel wolkenlos war, lag ein gräulicher Schleier über dem Horizont, der durch die grauen Betonfassaden und Hochhäuser noch verstärkt wurde. Angels Berührung auf meinem Bein kribbelte warm und es fühlte sich schön an.

Dennoch, in diesem Moment fühlte ich das erste Mal Heimweh. Nicht nur nach grünen Parks und ruhigen Wochenenden. Im Grunde genoss ich den heutigen Sonntagsausflug mit Angel, so grauverhangen er auch war. Aber die Art der chinesischen Kommunikation machte mir zu schaffen. Ihr Fingerzeig hinaus auf den Horizont war ein Zeichen, auch den gedanklichen Blick aus der Gondel hinaus abschweifen zu lassen. So viel verstand sogar ich. Mein Heimweh war nicht geographischer Natur, es entsprang vielmehr unseren kulturellen Differenzen. Ich fühlte mich in diesem Moment sehr deutsch und dieses Deutschland vermisste ich. Ich möchte nicht verallgemeinern, doch gibt es eindeutige Tendenzen: Für mich bedeutet Deutschland vor allem eine offene Kommunikationskultur, wie die schwingenden Saloon-Türen im Wilden Westen. Sie sind geöffnet, selbst wenn sie geschlossen sind. Aber wenn du nicht aufpasst, säbelt dir der Rückstoß deine Kronjuwelen weg.

Bernhard hatte mir von einem seltsamen Treffen erzählt, das er kürzlich mit einer Chinesin gehabt hatte. Sie waren ohne großartige Pläne verabredet gewesen und schlenderten bei einer netten Unterhaltung über den Universitätscampus. Die junge Frau fragte Bernhard, ob er Hunger habe. Er bejahte. Doch sie ignorierte die Antwort und sie spazierten weiter. Nach einer Weile wiederholte sich das Gespräch, diesmal jedoch entschied Bernhard einfach, dass er aufgrund seines wachsenden Hungers etwas essen musste. Sie kam mit. Im Restaurant bestellte sie für sich ebenfalls eine große Portion, aß jedoch kaum etwas. Als Bernhard daraufhin fragte, warum sie nicht esse, wollte sie zunächst nicht antworten. Dann erklärte sie, dass sie zuvor schon gegessen hatte. Nach dem Essen verabschiedete sie sich schnell. Wie sich herausstellte, hätte sie schon längst bei einem anderen Termin sein müssen.

Als Bernhard fertig mit Erzählen gewesen war, hatte ich ihn laut ausgelacht. *Aber warum eigentlich?* Weil mir diese Aktion so suspekt und sinnlos vorkam, dass ich einfach lachen musste? In meinen Augen war das eine Verschwendung von Energie und von Ressourcen. Aber wenn ich meine Rationalität beiseite stellte und dieses Geschehen mit Empathie betrachtete, dann sah ich eine Frau, die aus Freundlichkeit Zeit und Geld investierte, um einen beinahe fremden Mann nicht allein essen zu lassen. Sie hätte sagen können, dass sie keinen Hunger hatte. Sie hätte vor dem Essen zu ihrem anderen Termin gehen können, um pünktlich zu sein, aber das hätte in ihren Augen womöglich eine schwierige Situation für Bernhard heraufbeschworen. Ich selbst hätte mich erklärt und wäre gegangen, aber war es deswegen besser?

„Qì Xuán?", fragte ich, während sich die Gondel langsam wieder hinabsenkte.

„Ja, Ān Xù?", fragte sie und lächelte.

„Hast du überhaupt Hunger?"

Sie blinzelte verwirrt. „Natürlich. Warum fragst du?"

„Ach, nur so. Komm, lass uns in ein Restaurant gehen. Ich lade dich ein."

Ich öffnete die Gondeltür, stieg aus und streckte ihr helfend eine Hand entgegen.

Die Kommunikation zwischen Angel und mir war immer noch eine riesige Herausforderung. Einerseits blieb die Sprachbarriere, aber das schien ein kleines Problem zu sein im Vergleich zu unseren kulturellen Differenzen. Angel ging jedem Konflikt aus dem Weg, ich sprach alle Schwierigkeiten direkt an. Wenn man davon einmal absah, verstanden wir uns ziemlich gut. Wir lachten gemeinsam, teilten ein tiefgründiges Interesse an fremden Kulturen und lernten viel voneinander. Und seien wir einmal ehrlich: Der Beginn unserer Beziehung war so weit vom zuckersüßen Hollywood-Klischee entfernt, wie deutsche Chinarestaurants vom richtigen chinesischen Essen. Es hatte keinen herzergreifenden ersten Kuss nach unserem ersten Date gegeben. Ja, ich hatte zunächst gar nicht gewusst, dass es ein Date gewesen war. Ich war in diese Beziehung hineingestolpert wie ein landgängiger Seemann in eine verlockende Hafenschenke. Ich war kaum angekommen und die lasziv mit ihren Wimpern klimpernde Frau hatte auf einmal neben mir gestanden. Und auch wenn die baldige Abreise unausweichlich war und der Preis des exotischen Abenteuers vielleicht zu hoch, so wollte ich den Moment doch genießen.

Und so geschah es endlich. Als ich Angel an diesem Tag bis nach Hause begleitete, küssten wir uns zum ersten Mal.

Kapitel 20
Party Chinese-Style

Samstag, 29. März 2014. Restaurant bei der Technischen Universität Dalian, China.

Kaum hatten unsere zarten Germanenpopos die harte Plastikoberfläche der Stühle dieses beinahe edlen Etablissements touchiert, wandte sich uns der herausgeputzte Herr im Blazer am anderen Ende des Tisches zu. Er stand auf und begann mit einem Monolog. Dabei sprach er in ganz passablem Englisch, was wohl daran lag, dass er den Text zuvor auswendig gelernt hatte.

„Liebe Deutsche, willkommen in unserer Runde. Ich heiße Simon. Deutschland interessiert mich sehr. Ich werde in diesem Sommer nach Deutschland fliegen. Ich werde unter anderem Berlin besuchen. Könnt ihr mir vielleicht etwas über euer wunderbares Land erzählen, sodass ich gut vorbereitet dort ankomme? Ich habe von einer Kirche gehört, die sehr schön sein soll. Vielleicht könnt ihr mir darüber erzählen?"

Bernhard und ich blickten uns verwirrt an. Dann antwortete ich mit ernstem Gesichtsausdruck:

„Eine Kirche? Ja, davon habe ich auch schon gehört."

Simon blickte mich irritiert, doch weiterhin freundlich lächelnd an. Ich blickte mit seriöser Mine zurück. Schließlich konnte ich meine Ernsthaftigkeit nicht mehr bewahren und lachte laut los.

„Oh, ihr Deutschen seid lustig. Ich dachte, ihr wärt alle sehr ernst und würdet nicht lachen."

Daraufhin kicherte er irritiert in seine Hand und setzte sich wieder. Es versprach ein sehr amüsanter Abend zu werden. Um ihn nicht völlig in der Luft hängen zu lassen, erzählte ich ihm von verschiedenen Kirchen und anderes

Wissenswertes über Berlin. Simon bedankte sich höflich und sagte, er freue sich sehr auf seinen Ausflug.

Angel hatte uns zu einer chinesischen Studentenparty eingeladen. Das bedeutete, wir trafen uns in einem Restaurant und dinierten gemeinsam. In der Runde saßen fünf chinesische Männer und sechs chinesische Frauen, Angel inklusive, alle im Alter zwischen 20 und 23 Jahren. Ob es Absicht war, kann ich nicht sagen, aber die Gruppe saß sich geschlechtergetrennt gegenüber. Bernhard und ich brachen dieses Muster auf, indem wir uns nebeneinander zwischen Angel und eine weitere junge Frau gesetzt hatten.

Anscheinend gab es eine offizielle Vorstellungsrunde, denn nachdem Simon fertig war, ging es reihum weiter. Jeder erzählte ein paar Dinge über sich und alle freuten sich über die Anwesenheit der neuen deutschen Freunde.

Freundschaft war hierbei ein interessantes Wort. Es wurde an diesem Abend so häufig genutzt wie die Betten eines Flatrate-Etablissements im Rotlichtviertel. Doch das Vergnügen für eine Nacht hat auf lange Sicht einen ganz anderen Preis. Freundschaft ist für mich nicht das leichtfertige Springen von einem gemachten Bett ins nächste, es ist vielmehr wie eine erst allmählich wachsende Pflanze. Sie beginnt mit einem frisch eingetopften Zögling – beachtet man ihn zu wenig, verwelkt er, bevor sich überhaupt richtige Wurzeln bilden. Ich konnte meine durch Zeit und intensive Pflege gewachsenen Freundschaften an einer Hand abzählen, aber zählen konnte ich auf sie. Mein Eindruck von Freundschaft in China war jedoch eher eine Art Geschäftsbeziehung. Wenn sich beide Parteien einen Vorteil von der neuen Verbindung erhofften, sei er monetärer oder gesellschaftlicher Art, dann hatte man einen neuen Freund gewonnen. Da ich aus Deutschland kam, wollte jeder mein Freund sein, denn das allein versprach schon einen unmittelbaren Vorteil. Beizeiten fühlte ich mich wie ein exotisches Tier im Zoo. Chinesen, die ich kaum kannte, stellten mich den Personen, die sie beeindrucken wollten, als ihren neuen deutschen Freund vor. So wie ein Pfau, der seine bunten Federn präsentierte, war ich als Deutscher eine hübsch anzusehende Rarität inmitten der uniformen Chinesen. Sobald der metaphorische Zoobesuch jedoch vorbei war, war mein Freundschaftsdienst getan und das Interesse verwelkte. Das machte es tatsächlich schwierig für mich, langfristige Beziehungen aufzubauen. Denn an einer Freundschaft in meinem deutschen Sinne schien kaum jemand interessiert.

Die Vorstellungsrunde schritt voran und ich lernte die Studiengänge der Anwesenden kennen: Biologie, Mathematik, Informatik, Ingenieurwissenschaften. Hobbys hörte ich kaum, denn die Interessen handelten vorrangig davon, sich in der gleichartigen Masse hervorzutun, um in den neuen Zug der aufstrebenden Mittelschicht einzusteigen. Wer konnte es ihnen verübeln? In China hatte es bis in die späten 1980er keine Mittelschicht mehr gegeben und nun gab es endlich die Möglichkeit, ausreichend Geld zu verdienen, um sozial aufzusteigen. Ein gutes Studium war der Schlüssel dazu und so fühlte die junge Generation gleich eine doppelte Last auf ihren Schultern: Die Eltern erwarteten fleißige Kinder für eine bessere Zukunft und der Staat forcierte die Leistungsgesellschaft durch notenorientierte Strukturen. Die Persönlichkeit des Individuums wich der potenziellen Karriere.

Das Prinzip der gefälligkeitsbasierten Freundschaft passte hervorragend in dieses System. Wenn ein Freund keinen Nutzen brachte, um in der eigenen Karriere voranzukommen, welchen Nutzen brachte er dann überhaupt? In meinen Augen war die chinesische Gesellschaftsstruktur von einem Verhalten im Besonderen dominiert: dem Gruppenegoismus. Alles, was einem selbst und der persönlichen Gruppe – zumeist der Familie – einen Vorteil verschaffte, wurde getan. Das grundlegende Konzept von Moral und Anstand war dabei ein völlig anderes, als wir es in Europa gewohnt sind. Ich möchte meinen neuen chinesischen Freunden kein unmoralisches Handeln vorwerfen, keineswegs. Die moralischen Grenzen in China sind einfach gänzlich andere als bei uns. Denn Moral ist nicht angeboren, sondern angelernt. Um Chinesen wirklich zu verstehen, musste ich ihre moralischen Grenzen kennenlernen. Und dafür wollte ich persönliche Beziehungen über das chinesische Freundschaftsverständnis hinaus knüpfen. So stellte ich mich der Gruppe nun in meinem besten Chinesisch vor. Dazu hatte ich mir zuvor etwas überlegt und rezitierte aus dem Gedächtnis.

„Wǒmen shì dàlián lǐgōng dàxué de xuéshēng. Qì Xuán shì wǒ de ài rén. Rènshì nǐ, wǒ de xīn péngyǒu, wǒ hěn gāoxìng."

Meine Sprachkenntnisse bewegten sich zwar noch auf absolutem Anfängerniveau, aber ich hatte an diesen Sätzen hart gearbeitet und es zeigte Wirkung. Die zunächst verblüfften Gesichter hellten sich auf und plötzlich bekam ich tosenden Applaus. Ich fühlte mich geschmeichelt, war wegen der heftigen Reaktion aber gleichzeitig irritiert. *War es so selten, dass ein Deutscher ernsthaft versuchte Chinesisch zu lernen? Oder waren sie einfach nur höflich?*

„Tobias?" Angel sprach mich mit meinem deutschen Namen an und blickte dabei besorgt. „Weißt du, was du gerade gesagt hast?"

Nun wurde ich wirklich nervös. Ich überlegte noch einmal kurz, bevor ich antwortete.

„Ähm … also … dass wir Studenten der Universität Dalian sind und dass ich mich freue, meine neuen chinesischen Freunde kennenzulernen."

„Ja, das auch. Aber ich meine den Part über mich."

„Na, dass du meine feste Freundin bist."

„Das hast du nicht gesagt. Du hast gesagt, dass ich deine Ehefrau wäre."

„Oh. Hm … okay. Müssen wir jetzt heiraten?"

„Was? Nein!" Angel schien entsetzt.

„Ich mach doch nur Spaß." Ich lachte nervös. „Sarkasmus? Deutscher Humor?"

„Ihr Deutschen seid seltsam."

Ich wandte mich an die Gruppe und hob entschuldigend eine Hand. „Sorry, Leute. Angel und ich heiraten doch nicht. Aber danke für den Applaus."

Ich lachte leise. Damit war ich der Einzige. Bernhard grinste immerhin, aber die Gruppe starrte mich nur fragend an und wusste nicht, wie ich diesen Kommentar meinte. Den Sarkasmus musste ich mir ab sofort entweder verkneifen, oder ich hatte den Leuten noch einiges beizubringen. Ich entschied mich für Letzteres.

„Aber das ist auch nicht schlimm. Ich habe ja immer noch Bernhard."

Ich weiß nicht warum, aber in diesem Moment fand ich es witzig, die Angst der Chinesen vor öffentlicher Zuneigung – insbesondere zwischen zwei Männern – für eine humorige Theatervorstellung auszunutzen. Ich legte meinen Arm um Bernhards Schulter und flüsterte ihm gespielt lasziv ins Ohr:

„Hast du Lust auf eine kleine Show?" Ich grinste dabei.

„Wieso?", fragte er auf Deutsch zurück.

„Um unseren chinesischen Freunden mal etwas über deutschen Humor beizubringen." Ich zuckte mit den Schultern.

„Ach, Tobi … Selbst für deutsche Verhältnisse bist du nicht allzu witzig." Er grinste bubenhaft zurück und räusperte sich mit gespielter Lautstärke. Zur Gruppe gewandt fuhr er auf Englisch fort:

„Also, okay, ich stelle mich dann auch mal vor: Ich bin Bernhard und ich kenne Tobi leider schon seit einer Ewigkeit …"

Während er sich vorstellte, machte er noch ein paar kleine Späße über uns und legte dabei eine Hand auf meine Schulter. Ich hatte das Gefühl, dass Bernhards linke Nachbarin bei dieser Bewegung lustvoll mit den Augen rollte und ein leichtes Stöhnen nicht unterdrücken konnte. Nachdem Bernhard fertig war, stellte sie sich als Nächstes vor. Ich muss zugeben, dass ich ihren Namen sofort wieder vergaß. Anhand dessen, was als Nächstes passieren sollte, möchte ich ihr hiermit feierlich den Spitznamen „Honey“ verleihen. Einfach nur, weil ein „Ach, Tobi ...” nach meinen kindlichen Aktionen schon angebracht ist, aber ein „Ach, Honey ...” die Personifizierung der menschlichen Naivität auf den Punkt bringt.

Als Honey sich vorstellte, redete sie nicht nur von ihrem Studiengang. Sie erzählte uns auch, dass sie von homoerotischem Verhalten bei Männern erregt wurde. Ich verschluckte mich an meinem Traubensaft und konnte nicht glauben, was ich da hörte. Sie erklärte, in China gäbe es sogar ein Wort für diese Art von Frauen: *Nü fu*. Sie stolperte bei ihrer Erzählung über die eigenen Worte und war sichtlich nervös. Zu guter Letzt fragte sie Bernhard und mich, ob wir nur Freunde seien oder mehr. Ich starrte sie ungläubig an.

Angel antwortete für uns. Sie erklärte ihr kurzerhand, sie habe leider keine Chance, weder bei Bernhard noch bei mir, denn beide hätten eine Freundin und eine von beiden sei sogar anwesend. Daraufhin ging gar nichts mehr. Honey kam ins Stottern und konnte keinen klaren Gedanken mehr fassen. Stattdessen wiederholte sie ständig, dass sie Bernhard und mich ja gar nicht angemacht hätte. Sie versuchte das Thema zu wechseln und die Vorstellungsrunde ging weiter.

Als wir damit schließlich fertig waren, machte Simon einen neuen Vorschlag:

„Kennt ihr Wahrheit oder Pflicht?”, fragte er.

Oh mein Gott, wir waren im kindischen Ferienlager angekommen. Der Unterschied war nur, dass die hier Anwesenden Anfang zwanzig waren und somit ihre Pubertät fünf bis zehn Jahre später feierten, als es westliche Heranwachsende zu tun pflegten. Simon fuhr fort:

„Ich denke mir eine Zahl zwischen 1 und 100. Reihum nennt jeder eine Zahl und ich sage, ob meine höher oder tiefer liegt. Die nächste Zahl muss immer innerhalb der schon genannten Zahlen liegen, sodass wir uns schrittweise annähern. Die Person, die ins Schwarze trifft, hat verloren und wählt zwischen Wahrheit oder Pflicht."

Das Spiel begann entgegen des Uhrzeigersinns, die Frau links von Simon war als Erste an der Reihe.

„63", begann sie.

„Niedriger", antwortete Simon.

„8", fuhr die Nächste fort.

„Höher."

„37", sagte Honey.

„Niedriger."

„34", sagte Bernhard.

„Volltreffer! Wahrheit oder Pflicht?"

War es Zufall, dass Bernhard mit seiner ersten Zahl eine Punktlandung hingelegt hatte? In jedem Fall musste er nun reagieren.

„Wahrheit", sagte er.

Das war der Moment, in dem sich Honey schnell zu Wort meldete: „Bernhard! Hast du romantische Gefühle für Tobias?", fragte sie. Sie schaute uns neugierig und mit großen Augen an.

Bernhard guckte leicht gezwungen und antwortete wahrheitsgemäß, wir seien einfach nur Freunde. Mehr nicht. Sie schien daraufhin ziemlich enttäuscht zu sein. Wir hörten ab diesem Zeitpunkt mit unseren Witzen auf, denn der humoristische Funke sprang einfach nicht über und es hatte einen bitteren Beigeschmack. Außerdem fixierte Angel mich schon die ganze Zeit mit finsteren Blicken. Sie hatte nicht einmal auf meine körperlichen Annäherungsversuche unter dem Tisch reagiert.

Das Essen kam und wir versuchten das Beste aus dem Abend zu machen. Es gab Reis, Hühnchen und allerlei Gemüse, alles wie gewohnt auf mehreren Tellern vor uns zur Selbstbedienung ausgebreitet. Dazu gab es Traubensaft – unvergoren, wie ich es in einem jugendlichen Ferienlager auch nicht anders erwartet hatte. „Gan bei!", wurde gerufen und wir kippten unsere nicht-alkoholischen Getränke hinunter.

Es war ein schöner Abend, trotz der kulturellen Differenzen und humoristischen Schwierigkeiten. Die meisten Chinesen waren sehr freundlich zu uns und diese Gruppe bemühte sich besonders. Wahrheit oder Pflicht wurde noch ein Weilchen weitergespielt. Später traf es hintereinander zwei Jungs und beide entschieden sich unabhängig voneinander für Pflicht. Die Strafe: Sie mussten auf dem Rückweg Händchen halten. Beide wären vor Scham fast im Boden versunken. *Händchen halten? Zwei Jungs? In der Öffentlichkeit? Welche Grausamkeit!* Es war sogar so schlimm, dass beide, nachdem wir später das Restaurant verlassen hatten, in unterschiedliche Richtungen davonliefen. Es war anscheinend einfacher, die auferlegte Pflicht im Spiel zu missachten, als ihre männliche Ehre im echten Leben zu riskieren. Ich sah den Flüchtenden kurz hinterher, dann ging ich kopfschüttelnd mit Angel nach Hause. Ich hatte eine Standpauke über mein komisches Benehmen an diesem Abend erwartet, aber sie sagte gar nichts. Kurze Zeit später verabschiedeten auch wir uns und gingen in unterschiedliche Richtungen davon.

Zu Hause angekommen erhielt ich eine Nachricht per WeChat. Es war Honey. Angel hatte ihr wohl meine Nummer gegeben und sie schrieb das Folgende:

Tobi, ich weiß, ich sende dir eine dumme Nachricht, aber ich möchte dir sagen, dass ich nichts für deinen Freund Bennet empfinde. Ich wollte nur sichergehen, dass sich Bennet beim Essen nicht einsam fühlt. Bitte sage ihm, dass er sich nicht unwohl fühlen muss, wenn er wieder mit mir redet. Ich wollte Qi Xuan (deine Ehefrau) nicht beleidigen. Sie ist ein gutes Mädchen (ich bin hetero! Immer mit der Ruhe). Ich wünsche euch beiden das Beste!!!

„Ach, Honey ...", sagte ich leise zu mir selbst und schüttelte lachend den Kopf.

Kapitel 21
Hangzhou

Freitag, 4. April 2014 bis Dienstag, 8. April 2014. Hangzhou, China.

Man könnte behaupten, ich hätte übertrieben. „Du hast völlig übertrieben!“, rief Angel ungläubig und ging mit großen Augen in das Zimmer. Einen Moment später kreischte sie freudig, warf ihren Koffer in die Ecke und sprang wie ein kleines Kind aufs Bett. Sie hüpfte fidel auf und ab, bis ich plötzlich ebenfalls auf die Matratze sprang und sie hinterrücks umwarf. Wir fielen gemeinsam in die Kissen und unsere Gesichter waren sich zärtlich nahe. Ihr Atem streichelte über meine Wangen.

„Trau dich noch einmal zu sagen, ich hätte übertrieben“, flüsterte ich gespielt drohend, während ich ihre Handgelenke festhielt und dabei lächelte.

„Du … hast … übertrieben!“, keuchte sie hervor. Sie versuchte ihre Arme frei zu bekommen. Im nächsten Moment überraschte sie mich, indem sie mich auf den Mund küsste. Ich ließ Angel los, beugte mich zu ihr und streichelte ihr Gesicht. Es war ein sehr schöner Augenblick.

Ja, ich hatte mit diesem Ausflug vielleicht eine gewisse Grenze überschritten. Die Buchung eines zweistündigen Fluges nach Hangzhou und die Reservierung eines 5-Sterne-Hotels mit luxuriöser Ausstattung war kein gewöhnlicher Sonntagsausflug. Aber immerhin hatten wir durch einen Feiertag ein langes Wochenende in China und das war überaus selten. Die zwei zusätzlichen Tage, an denen wir die Uni schwänzten, sollten doch wohl in Ordnung gehen. Außerdem hatte Angel gesagt, der Mann entscheidet über die Tagesaktivitäten. Das hatte ich hiermit getan. Es hatte mir nun mal keiner gesagt, dass ein gemeinsames Wochenende im 1.000 km entfernten Hangzhou bei gewissen Personen zu Problemen führen könnte. Bei Angels Eltern zum Beispiel. Sie hatte mir mittlerweile erklärt, dass ich bei ihrer Familie als Ausländer nicht akzeptiert würde. Deswegen verheimlichte sie mich. Meine anfänglichen Sorgen einer zu ernsthaften Beziehung mit der Gefahr, als Schwiegereltern-Nanny zu enden, waren also überflüssig. Dennoch war ich nicht zufrieden mit der Situation. Angels Verheimlichen war eine Art von Lügen und Lügen führte zu weiteren Problemen. Doch wie sollte Angel mit ihren Eltern sonst umgehen? Sie hatte ein großes Interesse an fremden Kulturen. Sie wollte mich und meine Facetten tatsächlich kennenlernen. Sie wollte den Alltagsrassismus Chinas überwinden. Doch ginge es nach ihrer Familie, würde sie nicht einmal die geringste Chance dazu erhalten. Sie sollte sich auf ihr Studium konzentrieren und einen erfolgreichen Chinesen heiraten. Ein Ausländer passte da nicht in das vorgefertigte Lebenskonzept.

Auf eine verquere Art und Weise fühlte ich mich mitschuldig, denn ich war der Ursprung dieser Lügen. Und was passierte, wenn Angels Eltern von uns erfuhren? Die ganze Universität wusste bereits von unserer Beziehung. Es war also nur eine Frage der Zeit, bis auch ihre Eltern davon hörten. Wenn es so weit war, würde Angel meinetwegen Probleme bekommen. Aber wie so häufig wurde mein Versuch, die Angelegenheit zu besprechen, im Keim erstickt.

„Lass uns nicht darüber reden. Wir wollen doch ein schönes Wochenende haben", hatte sie mir im Flugzeug geantwortet. Um keinen Streit in einem fliegenden Objekt ohne passable Fluchtoptionen zu provozieren, tat ich etwas für mich Untypisches: Ich hielt meine Klappe. Zum Glück hatte der Flug nur zwei Stunden gedauert.

Nun waren wir in Hangzhou angekommen und ich bemühte mich, die düsteren Gedanken beiseitezuschieben. Immerhin waren wir in einer der attraktivsten Städte Chinas. Ein bekannter Reisender hatte Hangzhou sogar als die

„schönste und großartigste Stadt der Welt" beschrieben. Zu dem Zeitpunkt wohnten dort knapp eine Millionen Einwohner und die Stadt besaß angeblich den größten Hafen der Welt. Besagter Reisender hieß Marco Polo und sein Zitat stammte aus dem 13. Jahrhundert.

Mittlerweile lebten in Hangzhou knapp 7 Millionen Menschen und eine schöne und großartige Stadt war sie nach wie vor. Das einzige Problem war, dass sich an diesem langen Wochenende nicht nur jene 7 Millionen Einwohner in Hangzhou aufhielten. Zahlreiche Touristen versuchten die Stadt von innen zu zerbersten. Der Straßenverkehr kollabierte und die Sehenswürdigkeiten hatten mehr Laufkundschaft als ein Marathon mit einem Preisgeld in Millionenhöhe. Immerhin lag unser Hotel nur wenige Kilometer von den touristischen Highlights entfernt und so gingen wir los, um die Stadt zu Fuß zu erkunden.

Die Ellenbogen ausgefahren und den Kopf als Ramme tiefer gelegt, prügelte ich uns durch die chinesischen Massen. Anders kam man hierzulande nicht vorwärts. Deshalb wurde es auch nicht als unhöflich betrachtet, sondern als notwendig angenommen. In meinem ersten Monat in Dalian hatte ich einmal beim Einsteigen in einen Bus einer älteren Dame den Vortritt gelassen. Sie schubste mich daraufhin zurück und ich verlor das Gleichgewicht. Die mich umgebende Masse nutzte die Chance und hatte mich schnell zur Seite gedrängt. Kurz darauf war der Bus voll, der Fahrer schloss vor mir die Tür und fuhr ohne mich weiter.

Nun war ich in meinem zweiten Monat hier und nutzte meinen Körper als menschlichen Rammbock. Wie schnell man sich doch anpassen konnte. Angel folgte mir in meiner eingeschlagenen Schneise. Um den Massen zu entfliehen, buchten wir bald eine kleine Bootstour auf dem Westsee. Die verbrachten wir mit einem uns unbekannten Pärchen zusammen, während der Fahrer uns mit seinem Stab über den See schob.

Dabei erzählte er uns etwas über die drei berühmten Steine des Westsees. Ich verstand nicht, weshalb, aber die Chinesen schienen Steine zu lieben. Sogar so sehr, dass es jene drei Felsen auf den 1-Yuan-Schein geschafft hatten. Als vor ein paar Jahren mal ein Schiff gegen einen von ihnen gefahren war, musste der Schiffsbesitzer 1 Million Yuan Strafe zahlen. Nicht dass dem Stein etwas dabei passiert wäre – eigentlich war nur das Schiff untergegangen. Es ging wohl eher ums Prinzip. Wer diesen Steinen an den Kragen will, beißt in China auf Granit.

Wir sahen die Felsen nur aus großer Entfernung, da unser Bootsführer sicherheitshalber einen großen Bogen um sie machte. Ich nickte ihm verständnisvoll zu. Die anderen knipsten derweil verschwommene Fotos.

Nach der Fahrt gingen wir zum westlichen Ufer des Sees, wo es ein wenig ruhiger war als am Ostufer. So flanierten wir den Weg entlang und bewunderten verschiedene Verkaufsbuden und Straßenkünstler. Zuerst entdeckten wir einen Mann, der mit einem Pinsel und Wasser bewaffnet chinesische Schriftzeichen auf den Weg zeichnete. Während er schrieb, verblassten die ersten Worte schon wieder. Es war, als würden Hänsel und Gretel ihre Brotkrumen in einen Sandsturm streuen und jemand packt zusätzlich einen Staubsauger aus, damit auch ja keine Spuren verbleiben.

Wenige Zeit später trafen wir auf eine Gruppe von vielleicht einem Dutzend Damen im fortgeschrittenen Alter. Sie tanzten. Mitgebrachte Lautsprecher spielten entspannte Musik und im Tai-Chi-Stil wurden verschiedenste Wellenbewegungen mit dem Körper vollführt. Ich beobachtete die Gruppe fasziniert. Als die Frauen mich bemerkten, starrten sie zurück. Nicht weil ich sie beobachtete, sondern weil ich als Europäer mit einer Chinesin händchenhaltend durch die Gegend lief. Ab da sah ich es: Überall wurden Angel und ich seltsam angeschaut. Ein junger Mann machte sogar ein Foto von uns. Er zeigte mir das Peace-Zeichen, nickte mir anerkennend zu und ging weiter. *Ähm, okay?* Ich fühlte mich wie Costa Cordalis im Dschungel.

Ich gehörte definitiv nicht hierher und deswegen beobachteten mich alle bei jedem meiner Schritte. Aber das war etwas, woran sich ein Westler in China gewöhnen musste. Für die meisten Chinesen war es immer noch unmöglich, das Land zu verlassen. Entweder einem fehlte das Geld oder die Wanderlust oder beides. Hatte man nicht genügend Nullen auf dem Bankkonto oder war in der Opposition, konnte man außerdem lange auf eine Genehmigung warten. Zudem hatte ein durchschnittlicher Chinese nur zehn bis fünfzehn Urlaubstage im Jahr. Es ging so weit, dass viele aus den abgelegenen Dörfern noch nie einen Ausländer aus nächster Nähe gesehen hatten. Unter den vielen neugierigen Blicken und mit mehr oder weniger dezent geschossenen Fotos von mir fühlte ich mich unwohl. Ich sehnte mich nach dem Universitätscampus in Dalian, wo es so ein Verhalten nicht gab. Dort waren Ausländer ein alltäglicher Anblick und wir wurden in Ruhe gelassen. Ich ignorierte meine ungewollte Prominenz, so gut ich konnte, und lächelte, wenn ich um ein Foto gefragt wurde. Würde mein bärtiges Gesicht die Kaminsimse zieren oder vergrub es sich im Datenwust großer Speicherchips?

Später am Tag besuchten wir einen buddhistischen Tempel. Das Gelände war wirklich schön. Chinesische Gebäude im traditionellen Stil, Schreine mit Gottheiten, frische Opfergaben, massenweise Räucherstäbchen und riesige vergoldete Buddhas überall. Obwohl nicht einmal 8 % der chinesischen Bevölkerung den Buddhismus praktizierten, machte sie knapp die Hälfte aller Buddhisten weltweit aus.

Dennoch spielte die Religion chinaweit eine geringe Rolle. Das lag zum Großteil wahrscheinlich an der Kulturrevolution unter Mao. 1966 bis 1976 hatte der damalige Staatspräsident Mao Zedong unter anderem die Zerstörung religiöser Denkmäler, Tempel und Bibliotheken aufgegeben. Offiziell wollte Mao reaktionäre Tendenzen beseitigen; in Wirklichkeit versuchte er wohl nur seine Macht zu stärken und innerparteiliche Gegner loszuwerden. Drastische Maßnahmen einer drastischen Person. Er hatte wohl alles mit glühender Hingabe getan. So wie er auch erfolgreich Geschlechtskrankheiten unter Hunderten von Frauen verbreitet hatte.

Seit einigen Jahren jedoch blühte der unter Mao lange Zeit unterdrückte Buddhismus wieder auf. Klöster und Tempel wurden wiederaufgebaut und auch die Bevölkerung fand zu diesem Glauben zurück.

Als Angel und ich den Tempel betraten und wir an einen Schrein gelangten, vor dem Massen an Gemüse, Obst und anderen Opfergaben aufgereiht waren, kniete Angel sich hin und presste ihre Stirn auf den Schrein. Ihr Oberkörper wippte gebetsmäßig auf und ab. Als sie nach ein paar glaubensbekennenden Verbeugungen fertig war und zu mir zurückkam, fragte ich sie überrascht, ob sie denn gläubig sei. Sie verneinte, aber ihre Mutter sei gläubig und aus Respekt ihr gegenüber hatte sie für sie gebetet. Wieder einmal war ich über den grenzenlosen Respekt der Chinesen ihren Familien gegenüber überrascht. Ich hielt das einerseits für naiv, andererseits bewunderte ich dieses Verhalten.

Am nächsten Tag besuchten wir den *Xixi National Wetland Park*, ein 11,5 km² großes, kultiviertes Sumpfgebiet. Angel und ich führten viele Gespräche und kamen uns immer näher. Zum ersten Mal schliefen wir auch Seite an Seite und waren dabei völlig ungestört. Bisher hatte sich unsere körperliche Zuneigung aufs Küssen beschränkt. In unserer letzten Nacht jedoch sagte sie etwas, was mich völlig unvorbereitet traf:

„Ich will mit dir schlafen." Sie zögerte kurz und als sei das noch nicht genug gewesen, sprach sie stockend weiter: „Aber ich … ich bin noch Jungfrau."

Ich blickte sie an und wusste nicht, was ich sagen sollte. Nach einer kurzen Pause fuhr sie fort:

„Ich habe Angst. Habt ihr Europäer wirklich so große Penisse?"

Es überkam mich plötzlich und ich musste laut lachen. Tränen stiegen mir in die Augen.

„Hey!", rief Angel und errötete. „Ich meine das ernst."

„Entschuldigung, Qi Xuan", antwortete ich und beruhigte mich langsam wieder. Mein Oberkörper zitterte noch ein wenig vor unterdrücktem Lachen.

„Nenn mich Xuan", sagte sie plötzlich.

„Wie bitte?", fragte ich.

„Qi ist mein Nachname. Nenn mich Xuan."

„Oh, das wusste ich nicht."

„Siehst du, und ich weiß nicht, ob ihr wirklich so große … also, ob eure Dinger so groß sind!"

Sie setzte sich auf und stemmte ihre Hände in die Hüften. Dadurch sah sie aus wie ein beleidigtes Kind. Ich musste lächeln.

„Möchtest du das wirklich? Ich meine, ich werde nur für ein paar Monate in China sein. Was danach kommt, weiß ich nicht, aber höchstwahrscheinlich werden wir uns nicht wiedersehen. Ich möchte nicht, dass dein erstes Mal eine schlechte Erinnerung sein wird." Ich lächelte beklommen.

„Ja, ich möchte das wirklich", sagte sie mit Bestimmtheit. „Ich weiß, worauf ich mich einlasse."

„Ich glaube nicht. Worauf du dich hier einlässt, war doch genau deine Frage", sagte ich und zeigte herausfordernd auf meinen Schritt. Ich grinste.

„Ach, halt die Klappe und zeig es mir endlich", hauchte sie leise und ihr langes Haar legte sich wie ein schüchterner Vorhang über ihr Gesicht. Sie krabbelte auf allen Vieren über das Bett zu mir, strich die Haare hinter ihre Ohren und küsste mich. Wir zogen uns gegenseitig aus und erforschten zum ersten Mal unsere Körper. Mit Küssen liebkoste ich ihren nackten Bauch, dann zog ich langsam ihre Hose aus. Sie trug relativ unvorteilhafte weiße Damenunterwäsche und ich musste wieder grinsen. Als ich langsam ihre Beine streichelte, erinnerte ich mich an ein Vorurteil, das ich zuvor über Asiatinnen gehört hatte. Im Falle Angel stimmte es: Sie rasierte ihre Beine nicht. Ich lugte in Richtung ihres Slips und fragte mich, wie buschig es wohl darunter war.

Angel stoppte meinen Gedankengang, indem sie meine Hose auszog. Als sie die Beule in meiner Unterhose sah, fuhr sie erschrocken zurück. Schüchtern näherte sie sich langsam wieder, ihre Hand rotierte über meinem Schritt, bis sie meinen Penis durch den Stoff streichelte.

„Er ist ja wirklich so groß!" Sie blickte mit großen Augen auf meinen Schritt.

„Eigentlich ist es in Deutschland nur guter Durchschnitt." Gedanklich zuckte ich über meine stupide Antwort zusammen, aber Angel schien sie gar nicht gehört zu haben.

Es war eine vollkommen abstruse Situation, wie ich halbnackt auf dem Bett saß und Angel ängstlich auf die Wölbungen des Stoffes über meinem erigierten Penis starrte.

„Ich … ich … ich muss zuerst etwas trinken." Nur mit ihrem Slip bekleidet ging sie hinüber zur Minibar und nahm ein paar kleine Fläschchen Schnaps heraus. Sie öffnete einen Wodka und trank ihn in einem Zug aus.

„Bist du dir wirklich sicher, dass du das willst?" Ich war tatsächlich etwas besorgt.

„Was? Ja, natürlich!" Sie nahm zwei weitere Fläschchen und reichte mir eine. „Gan Bei!", rief sie. „Auf deinen europäischen Penis!"

Ich musste lachen und prostete ihr zu. „Gan Bei", antwortete ich und wir kippten die feurigen Schnäpse hinunter.

Kapitel 22
Der Einbruch

Dienstag, 15. April 2014. Das verbotene Zimmer, Technische Universität Dalian, China.

Es war der aufregendste Kuss meines Lebens. Nicht, dass die Technik extraordinär gewesen wäre. Ja, es war ein ordentlicher Kuss. Nicht zu wenig Zunge, nicht zu viel. Ausreichend Flüssigkeit, aber kein übergelaufener See nach einer Hochwasserperiode. Zusammengenommen war das durchaus schön, aber es machte diesen Kuss noch nicht außergewöhnlich. Es war auch nicht der Grund für die vielen Schmetterlinge in meinem Bauch. Nein. Dieser Kuss war wegen der äußeren Umstände so immens aufregend.

Ich befand mich in Angels Zimmer. War die Nähe ihres Bettes für mich so verlockend, dass es mich noch weiter berauschte? Definitiv. Hatten wir seit Hangzhou keine Möglichkeit mehr gefunden, miteinander zu schlafen? Das konnte ich nicht behaupten, denn immerhin hatte sie mich tagsüber des Öfteren im Wohnheim besucht und dort verhielten wir uns wie jedes frischgebackene Pärchen, das seine neu entfachte Sexualität erkundete. Was war also anders?

Angel wohnte in einem Mädchenwohnheim. Männern war unter strengster Bestrafung verboten, das Gebäude zu betreten. Lungerte man als Mann zu lange vor dem Eingang herum, kam die Empfangsdame heraus. Als Geschenk brachte sie zumeist einen Besen mit. Damit wedelte sie drohend und wenn man sich nicht schnell genug entfernte, bekam man gerne mal einen Stoß mit dem harten Stiel ab. Hatte ich mich dennoch hineingeschlichen, während Angel die Rezeptionistin abgelenkt hatte? Kann sein. Hatte sie mir zuvor aufgezeichnet, wo genau sich ihr Zimmer befand? Jap. War ich dann aus Versehen in den falschen Raum gelaufen und hätte fast eine schlafende Chinesin geweckt? Definitiv. Das Adrenalin hatte heftig in meinen Adern gepumpt, als ich das falsche Zimmer schnell wieder verlassen hatte und Angel fluchend die Treppe hochlief.

„Da rein!", zischte sie und zeigte auf die nächste Tür rechts neben mir. Da hörte auch ich die Schritte von unten näherkommen. Schnell schlüpfte ich in das nächste Zimmer und Angel stürzte hinterher. Aufgeregt hatte sie die Tür laut zugeworfen. Hatte uns jemand gehört? Wir warteten ein paar Sekunden. Nichts passierte. In dem Moment überkam es mich. Das Adrenalin gepaart mit meiner Lust, Angels bebende Brust, die sich auf und absenkte, ihr schwerer Atem vor meinem Gesicht. Ich ging einen Schritt vor und drückte sie heftig an die Wand, dann küsste ich sie.

Auf einmal ruckte die Tür einen Spalt auf, wir wurden kurz mitgerissen, dann warf ich mich geistesgegenwärtig nach vorne und knallte sie mit meinem Gewicht wieder zu. Meine Leidenschaft war zwar normalerweise ein Türöffner, aber nun war sie auch als Türstopper hilfreich. Ich schüttelte gedanklich meinen Kopf über den dummen Witz.

„Was jetzt?", fragte ich leise.

Von draußen fragte jemand etwas auf Chinesisch. Es klang besorgt. Angel antwortete, doch meine Sprachkenntnisse waren nicht gut genug, um es zu verstehen. Gleichzeitig wedelte sie mit ihrer Hand und zeigte auf einen Kleiderschrank rechts neben mir. *Der Klassiker*, dachte ich.

Die Zimmertür wurde erneut ein Stück weit geöffnet, doch ich drückte sie schnell wieder zu. Dann sprang ich den einen Meter bis zum Kleiderschrank, öffnete ihn und warf mich blind hinein. Muffige Klamotten umfingen mich, ich stieß meinen Kopf schmerzhaft an der Kleiderstange und riss aus Versehen ein paar Bügel herunter. Angel drückte von außen die dünnen Sperrholztüren zu und

Dunkelheit umfing mich. Immerhin gab es einen Spalt zwischen den Türen, wodurch etwas Licht hereinschien. Dadurch konnte ich einen erstaunlich großen Teil des Raumes beobachten.

Eine junge Frau in Sportkleidung kam herein. Sie schien zunächst verwirrt und wechselte ein paar Worte mit Angel. Dann zuckte sie mit den Schultern und setzte sich auf das Bett direkt mir gegenüber. Anscheinend war sie Angels Mitbewohnerin, denn nun begann sie ihre schwitzigen Sportklamotten auszuziehen. Ich konnte schwören, Angel blickte wie ein dunkles Gewitter in meine Richtung. Ihre Augen sprühten förmlich den Gedanken: *Sieh dir das bloß nicht an.* Bevor ihr Verhalten zu auffällig wurde, drehte sie sich vom Kleiderschrank weg und setzte sich an den Schreibtisch. Die beiden plauderten ein wenig. Angel war zwar sichtlich nervös, doch das andere Mädchen bemerkte es nicht.

Ich schaute in Richtung der jungen, mittlerweile nur in Unterwäsche bekleideten Frau. Was soll ich sagen: Ich war ein Mann in den Zwanzigern. Durch den leidenschaftlichen Moment zuvor drückte mein Ständer bereits hart gegen meine Hose. Ich war in einem Kleiderschrank gefangen, der sich in einem Mädchenwohnheim befand. *Ich hab hier definitiv nichts zu suchen*, dachte ich, und es gefiel mir. Es war wie das Erscheinen des Mannes auf einer Tupperparty seiner Freundin. Nur dass ihn die Freundin belogen hatte und die Tupperware eigentlich aus Dildos bestand, die von den Damen gerade interessiert ausgepackt wurden. In jeder Fantasie eines jeden Mannes wurden sie vor Ort direkt aneinander ausprobiert. Das passierte zwar nie wirklich, aber die Bilder hatte ich jetzt doch in meinem Kopf.

Ich schüttelte mich, um meine Gedanken klar zu bekommen. Es half nichts. Meine Erregung, der sich schnell aufwärmende Kleiderschrank und die schlechte Luft verbanden sich zu einer schwindelerregenden Attacke. Ich sackte in mich zusammen und stützte mich hilfesuchend an der Wand ab. Leider traf ich nicht die Wand, sondern die angelehnte Kleiderschranktür, die ich nun aufdrückte. Mit einem leisen Quietschen öffnete sie sich und plötzlich herrschte Stille im Raum.

Die halbnackte Frau stand auf, sagte etwas und blickte direkt in Richtung des Kleiderschranks. Ich zog mich tief zwischen die hängenden Jacken zurück und sah nichts mehr. Angel antwortete, ihre Stimme klang gedämpft. Ich hörte Schritte, eine Hand schob die Jacken beiseite und ich zuckte zusammen. Es war die halbnackte Chinesin. Sie sah mich mit offenem Mund an, legte eine Hand vor den Mund und unterdrückte einen spitzen Schrei. Ich lächelte unsicher und winkte zum Gruß. Sofort schloss sie den Schrank mit einem heftigen Knall, aber durch den Ruck sprang die Tür sofort wieder auf. Sie ergriff ein Handtuch, bedeckte ihre Blöße und verließ fluchtartig das Zimmer.

Den Schreckensmoment noch nicht gänzlich verkraftet machte ich einen Schritt vorwärts und stolperte. Dabei riss ich einige Bügel mit mir und stürzte zu Boden. Im Kleiderhaufen liegend blickte ich nach oben.

„Du solltest verschwinden", sagte Angel und blickte wütend auf mich herab.

Ich stöhnte kurz, hielt mir den Kopf und fragte dann in hoffnungsvollem Ton: „Meinst du nicht, sie ist vielleicht einfach nur duschen gegangen?" Ich machte eine kurze Pause. „Sollten wir vielleicht nachsehen?"

„Was? Nein!", rief Angel. „Du wirst nicht in die Gemeinschaftsduschen gehen! Oh je. Wenn das meine Eltern herausfinden, kann ich mein Studium vergessen." Sie riss entsetzt die Augen auf und schien erst jetzt zu realisieren, worauf sie sich eingelassen hatte.

Ich stand auf und legte meine Hand beruhigend auf ihre Schulter.

„Keine Sorge. Niemand wird es herausfinden", sagte ich. Fast glaubte ich es selbst.

Dann blickte ich mich um und suchte nach einem Fluchtweg. Ich ging zum Fenster, öffnete es und seufzte. Es hatte Gitter zum Schutz vor Einbrechern. *Oder Ausbre-*

chern. Dann blieb mir nur der offensichtliche Weg durch den Haupteingang. Wessen dumme Idee war diese Aktion eigentlich gewesen? *Ach ja, meine …*

Ich bückte mich nach der herumliegenden Kleidung, schnappte mir die größte Jacke und hob sie auf.

„Deine?", fragte ich.

„Nein", sagte Angel.

Ich zuckte mit den Schultern und warf die Jacke um meinen Oberkörper. Sie war zu klein und ich passte nicht in die Ärmel. Also ließ ich sie baumeln, setzte die Kapuze auf und zog die Seiten so weit zu, wie es nur ging. Ein bisschen fühlte ich mich wie in Assassins Creed.

„Geh du voraus und schau, ob die Luft rein ist", wies ich Angel an.

„Ähm. Okay", sagte sie in zweifelndem Tonfall.

Sie öffnete vorsichtig die Zimmertür, lugte hinaus und schlüpfte in den Flur. Oh Mann, sie verhielt sich so auffällig wie ein Panther im Pinguingehege. Dabei war es ihr doch erlaubt, sich frei zu bewegen. Immerhin war es ihr Wohnheim. Ich ging vorsichtig zur Tür und lugte durch den Spalt. Angel befand sich auf dem unteren Treppenabsatz und winkte mich heran. Anscheinend war die Luft rein. Also zog ich die Kapuze tiefer ins Gesicht und blickte in Richtung Boden. Dann lief ich die Stufen hinunter und betete.

Bis zum Empfang kam ich tatsächlich, ohne jemandem zu begegnen, doch die Rezeptionistin war auf ihrem Platz. Angel stand neben mir.

„Was sollen wir tun?", fragte sie.

„Leg deinen Arm um mich und tu so, als würdest du mich stützen."

Sie tat wie geheißen. Dann machte ich vorsichtig ein paar Schritte vorwärts und Angel folgte mir gezwungenermaßen. Ich hustete gespielt, hielt mir die Hand vors Gesicht und blickte weiter in Richtung Boden. Angel spielte mit und sprach zu mir auf Chinesisch in einem beruhigenden Tonfall. Die Rezeptionistin blickte nur einmal kurz auf und senkte dann gelangweilt wieder ihren Blick. Den Geräuschen nach zu urteilen spielte sie Candy Crush auf ihrem Smartphone. *Ein Hoch auf die Spielsucht der Chinesen.* Und welcher Depp sollte schon am helllichten Tag aus einem Mädchenwohnheim ausbrechen?

Angel öffnete die Tür und wir traten in die Freiheit.

Kapitel 23

Das Campusleben

Mittwoch, 23. April 2014. Technische Universität Dalian, China.

Mittlerweile hatte sich bei mir so etwas wie ein Alltag eingestellt. Auch heute stand ich um 7 Uhr auf, machte mich fertig und verließ mein kleines Einzimmer-Apartment. Optimistisch gestimmt klopfte ich nebenan bei Bernhard. Meistens war er zu dieser Zeit entweder unter der Dusche oder noch im Bett und auch jetzt hörte ich nur Wasserrauschen aus seiner Wohnung. Da ich ihm an diesem Ort nicht unbedingt beiwohnen wollte, ging ich alleine los. In Ermangelung einer Küche oder eines Kühlschranks in meiner Wohnung holte ich mir mein Frühstück auf der Straße. Am Anfang war ich noch regelmäßig zum Supermarkt gegangen und hatte das weiße, gummiartige Verbrechen gekauft, das sie hierzulande Brot nannten. Man sollte jedoch nicht auf die alten Gewohnheiten aus der Heimat pochen, wenn sie vor Ort schlecht umgesetzt wurden. So entwöhnte ich mich Schritt für Schritt vom Brot und versuchte, mich der lokalen Küche zu öffnen. So gut das warme Essen in China mittags und abends sein konnte, so hatte ich mich an das asiatische Frühstück nie gewöhnen können. Es war wie die anderen Mahlzeiten warm. Reis mit glibberigem Soja oder verschiedene Suppen und Maultaschen trafen nicht gerade meine frühmorgendlichen Präferenzen. So ging ich als Kompromiss zumeist an einen kleinen Stand vor unserem Haus, wo es Eierpfannkuchen mit Sojasoße und Chili gab. Immerhin.

Im Sprachunterricht wurde ich in typisch chinesischer Manier auf Auswendiglernen gedrillt. Jeden Tag gab es unglaublich viele Hausaufgaben. Wir mussten Schriftzeichen um Schriftzeichen in kleine Heftchen mit großen Kästchen kritzeln. Bei mir war es leider eher ein Zeichnen als ein Schreiben. Meine chinesischen Freunde lachten mich aus, da meine Hefte eigentlich für kleine Grundschulkinder waren und meine Schreibfertigkeiten schlechter als die eines Erstklässlers.

Das Lerntempo war konstant hoch. Schon lange sprachen die Lehrerinnen nur noch Chinesisch mit uns. Der Somalier in meiner Klasse hatte seine ganz eigene Taktik gefunden, um die Sprachbarriere zu bewältigen. Immer wenn er angesprochen wurde, wiederholte er wie ein Papagei stumpf die Frage, ohne zu antworten. Wenn er vorlesen sollte, blätterte er ziellos umher, nur um dann von der falschen Buchseite zu lesen. Es war die sichtbare Manifestation seiner grenzenlosen Überforderung. Er tat mir ein bisschen leid, denn er wollte in China studieren und dafür benötigte er gute Sprachkenntnisse. Der teure Chinesisch-Kurs würde ihm wahrscheinlich nicht viel helfen.

Die Marokkanerin indes war schon lange nicht mehr zum Unterricht aufgetaucht. Zuletzt hatte sie uns auf eine Party eingeladen. Es gäbe auch mehr als nur Alkohol, hatte sie uns zwinkernd angeboten. Die Partys seien gar nicht so schlecht, sie hätte schon einiges ausprobiert. Seitdem hatte ich sie nicht mehr wiedergesehen. Wahrscheinlich war sie aufgrund der Fehlzeiten oder wegen des Drogenkonsums des Landes verwiesen worden. Oder Schlimmeres. Ich wollte nicht weiter darüber nachdenken.

Immerhin hatte ich derartige Probleme nicht. Eigentlich war ich sogar hochmotiviert. Ich hatte Spaß an den fremden Tönen und der simplen Sprachlogik. Chinesisch ist entgegen seines Rufes eine grammatikalisch recht einfache Sprache. Im Deutschen verwechsle ich immer Konjugationen mit Deklinationen. Im Chinesischen gibt es so etwas gar nicht. Futur II, Präteritum oder Plusquamperfekt? Egal. Gebeugte Verben? Sehr egal. Le conditionnel présent? Putain francais, sowas von egal. Na gut, es gab verschiedene Töne, die man heraushören musste, aber nach einigen Wochen bis Monaten Übung war auch das möglich. Am längsten dauerte es jedoch, das Schreiben zu erlernen. Da ich nur wenige Monate Zeit hatte, ging ich hierbei taktisch vor: Ich lernte es einfach nicht. Es würde Jahre brauchen, um tausende Schriftzeichen schreiben zu können. Also konzentrierte ich mich auf das vergleichsweise einfache Sprechen und versuchte nur die wichtigsten Schriftzeichen lesen zu können. So schaffte ich es innerhalb weniger Wochen, mich auf einfachem Niveau zu unterhalten und zu chatten. Mittlerweile gab es sogar diverse Apps, die die Kommunikation per Handy erleichterten. Digital nutzte man ja sowieso das lateinische Alphabet. Man tippte einfach die Lautschrift ein und der Rechner schlug einem verschiedene Schriftzeichen vor. Daraus wählte man die gewünschte Kombination. Das war keineswegs vergleichbar mit der viel schwierigeren Schreibschrift, bei der man sogar die Richtung und Reihenfolge jedes einzelnen Striches korrekt wählen musste, ansonsten wurde es nicht als korrektes Schriftzeichen gesehen. Ich musste regelmäßig nach vorne an die Tafel und wurde dabei stets gerügt.

„Du machst die Striche falsch!", warf mir die Lehrerin für Lesen und Schreiben vor.

„Ich bin Linkshänder, verdammt!", konterte ich.

„Dann benutze gefälligst die richtige Hand!", rief sie.

Da guckte ich ungläubig und setzte mich einfach wieder. Die Lehrerin schien deswegen so verwirrt wie ich zu sein. Lehrer in China waren Widerworte oder ungehorsame Handlungen der Schüler nicht gewöhnt. Normalerweise nutzten sie schlechte Noten oder den allgemeinen Gesichtsverlust als Druckmittel. Da das bei mir jedoch nicht funktionierte, wurde ich einfach ignoriert und der Unterricht ging weiter.

Irgendwann klingelte die Glocke und mein Uni-Tag war für heute beendet, da ich heute Nachmittag keine Wirtschaftskurse hatte. Im Gegensatz zum Sprachkurs waren diese auch nicht besonders anspruchsvoll. Das lag wahrscheinlich am Englisch, das die meisten meiner Kommilitonen nur unzureichend beherrschten. So bestand der überwiegende Teil der Vorlesungen aus Gruppenarbeiten, in denen wir Vorträge erarbeiten sollten. Dafür verteilten wir uns in Kleingruppen auf dem Campus, arbeiteten nur einen kleinen Zeitraum an den Aufgaben und spielten ansonsten Tischtennis, Handyspiele oder holten uns Snacks im nahegelegenen Supermarkt. Da die Anwesenheit nur zu Beginn und am Ende der Vorlesung kontrolliert wurde, war eine Abwesenheit während des eigentlichen Unterrichts kein Problem. Kaum jemand lernte tatsächlich etwas. Das störte aber auch niemanden, da die Kurse nur besucht wurden, um am Ende ein Zeugnis zu erhalten, das die Teilnehmer zumindest auf dem Papier für anspruchsvollere Jobs qualifizierte. Da ausnahmslos alle Chinesen neben diesem MBA-Kurs bereits in Vollzeit arbeiteten, war das gut für sie, denn es stellte eine zügige Beförderungsmöglichkeit für sie dar. Für mich eher weniger.

Immerhin freundeten Bernhard und ich uns mit Allan an. Es war keine typisch chinesische Bekanntschaft, sondern eine auf gegenseitigem Respekt und Vertrauen wachsende Freundschaft, was mich riesig freute. Wir verabredeten uns jede zweite Woche zum gemeinsamen Essen mit zwei seiner Arbeitskolleginnen. Ich fühlte mich bei ihnen sehr gut aufgehoben und wir redeten auf Augenhöhe, ganz ohne kindische Spielchen, was auch am gehobenen Alter der drei liegen konnte. Sie waren um die 30. Einmal fragten sie mich, ob ich denn nicht Angel zum gemeinsamen Essen mitbringen wollte. Ich bejahte freundlich, wie es in China Brauch war, aber eigentlich hatte ich es nicht vor. Ich schämte mich aufgrund meiner Gedanken, denn in diese Runde passte die jugendliche Angel nicht hinein. Diese Abendessen waren meine Möglichkeit, offen über politische Themen und weltliche Probleme zu diskutieren. Angel hingegen blockierte jeden meiner Versuche, über kritische Themen zu sprechen. Ich hatte bei ihr sogar Mao-Redeverbot. Persönlichen Konfrontationen ging sie ebenfalls aus dem Weg. Sie war ein unbeschwerter Sonnenschein, der bei jedem Wolkenbruch davonlief und sich versteckte. Sie in diese Gruppe von rhetorischen Wirbelwinden mitzubringen, wäre nicht gut gewesen. Stattdessen fügte ich mich ihrer „Alles ist gut"-Philosophie.

Nach dem heutigen Unterricht wollte ich mit Tuomas, dem Finnen, etwas zum Mittagessen suchen. Direkt vor dem Hörsaalgebäude blieben wir allerdings erstaunt stehen. Dort standen ein paar Männer vor weißen Transportern. Vor sich hatten sie Decken ausgebreitet, auf denen Pakete lagen. Es sah fast wie das Dealen in einem Hinterhof aus, nur war es helllichter Tag und mitten auf dem Universitätscampus. Plötzlich quietschten einige Studentinnen freudig und liefen darauf zu. Sie suchten nach etwas und nach einem kurzen Wortwechsel mit einem der Männer bekamen sie ein Paket in die Hände gedrückt. Die Situation sah zwar aus wie ein chinesisches Weihnachten, aber tatsächlich war es nur eine gesammelte Postzustellung, denn Briefkästen gab es in den Studentenwohnheimen nicht. Da es Amazon hierzulande sowieso nicht gab und ich mit dem lokalen Äquivalent namens Alibaba überhaupt nicht zurechtkam, war ich bisher noch gar nicht auf die Idee gekommen, etwas zu bestellen. Außerdem fiel mir erst jetzt auf, dass ich seit Deutschland gar keine nervigen Pakete mehr für meine Nachbarn hatte annehmen müssen. Das Leben in einem chinesischen Wohnheim hatte also auch etwas Gutes.

Tuomas und ich gingen zum Lebensmittelmarkt auf dem Campus. Hier gab es alles, von Supermärkten bis hin zu Straßenhändlern. Die Metzger hatten wegen mangelnder Kühlung und steigenden Außentemperaturen mit allerlei Insekten zu kämpfen. Die Fliegen feierten ein berauschendes Fest auf den verschiedenfarbigen Fleischstücken. Um den Appetit nicht vollständig zu verlieren, gingen wir schnell weiter. In einem kleinen Restaurant holten wir uns ein paar Baozi. Das waren in kleinen Körben mit Wasserdampf erhitzte Teigtaschen. Unsere To-go-Variante wurde in kleine Plastiktüten verpackt und wir machten es uns damit auf einer Parkbank mitten auf dem Campus bequem.

Irgendetwas war heute anders. Ich schaute mich um. Einige der Passanten blickten schockiert in unsere Richtung. Zwei Mädchen, die sich entgegenkamen, hatten ihre Augen stur auf uns gerichtet. Sie nahmen ihre Umgebung gar nicht wahr und mit einem Krachen liefen sie ineinander. Beide verloren das Gleichgewicht, ließen ihre Bücher und Hefte fallen und stürzten. Lose Papiere flatterten umher. Dann rappelten sie sich auf, sammelten schnell ihre Sachen zusammen und liefen davon.

„Was zur Hölle …?”, murmelte ich.

„Ach, das passiert mir häufig”, sagte Tuomas grinsend. „Ich glaube, sie haben Angst vor mir.”

„Wieso das denn?”, fragte ich ihn.

„Dude, schau mich an.”

Da fiel es mir wie Schuppen von den Augen. Tuomas war 1,90 Meter groß, blond, hatte einen Irokesen, ein Ziegenbärtchen und gerade eine Kippe im Mundwinkel. Darüber hinaus trug er eine Camouflage-Jacke und eine Pilotensonnenbrille. Auch wenn eine Tarnjacke im vietnamesischen Dschungel funktionierte, auf dem Universitätscampus in Dalian fiel Tuomas damit auf wie ein Laubfrosch im Heuschreckenterrarium. Er schien die zusätzliche Aufmerksamkeit jedoch zu genießen.

„Warum bist du eigentlich in China?”, fragte ich ihn.

Er zuckte mit den Achseln. „Ich bin schon seit Jahren unterwegs. Mal hier, mal da. Irgendwie fasziniert mich die asiatische Kultur. Als ich vor Kurzem noch in Australien war, habe ich mit einem Chinesen in einer Mine zusammengearbeitet. Er hat zu allem immer „Ja“ gesagt. Als unser Boss ihm eine wichtige Aufgabe übertrug, hatte er fleißig genickt. Es war eine wirklich wichtige Aufgabe. Keine Ahnung, um was es genau ging, aber wohl etwas Gefährliches. Also hatte der Chef nachgefragt, ob dem Dude wirklich klar war, was er zu tun hatte. ‚Ja, natürlich‘, hatte der Chinese nur geantwortet.“

„Und dann?”, fragte ich.

„Dann ist der ganze Schuppen eingestürzt. Keine Ahnung, was da schiefgegangen ist. Auf jeden Fall hatte der Chinese verkackt. Der wurde hochkant gefeuert und der Laden hatte ein riesiges Problem.”

„Und was hat das damit zu tun, dass du hergekommen bist?”

„Na, der Chinese war doch völlig durchgeknallt. Hat einfach zu allem Ja gesagt. Da wollte ich erfahren, was mit denen los ist. Ich habe in Australien eine Weile gearbeitet und dabei Geld zur Seite gelegt. Jetzt mache ich den Sprachkurs für ein halbes Jahr und schaue dann weiter.”

Wir kauten auf unseren Maultaschen herum und genossen die warmen Sonnenstrahlen inmitten der steigenden Temperaturen.

„Sag mal”, begann Tuomas, „hast du Lust, mit ein paar Leuten und mir nach Dandong zu fahren? Das ist direkt an der Grenze zu Nordkorea. Wir kommen zwar nicht in das Land hinein, aber viel näher als in Dandong kommst du an Nordkorea nicht heran. Da gibt es auch ein Museum zum ganzen Korea-Krieg und wie ich hörte einen interessanten Grenztourismus.”

Ich zögerte nicht lange. „Ja, klar! Super gerne. Wer kommt alles mit?”

„Yuma, Yuta und Yuki.”

Ich blinzelte: „Die Namen hast du dir doch gerade ausgedacht?”

Tuomas lachte: „Ich wünschte, es wäre so. Yuma kennst du ja schon. Yuta und Yuki sind zwei Japaner im anderen Anfängerkurs.”

Er hob seine Tüte mit den Baozi zum Gruß und das lenkte mich von meinen Gedanken ab. Drei junge Chinesinnen blickten in unsere Richtung. Als Tuomas mit der Tüte in der Hand zu winken anfing, liefen zwei Mädchen vor ihm und seinen Teigtaschen schleunigst davon. Die dritte war Angel.

„He, Jungs", sagte sie mit einem Lächeln und auf Englisch. „Entschuldigt meine Freundinnen, aber sie haben Angst vor dir." Sie blickte Tuomas an.

Ich wandte mich an Tuomas: „Vielleicht solltest du dich mal rasieren? Gesicht und Kopf, meine ich. Sonst findest du nie ein Mädchen", fügte ich unumwunden hinzu und zog Angel auf meinen Schoss. Sie quiekte, aber ließ es über sich ergehen und lehnte sich steif an mich.

„Wer sagt denn, dass ich überhaupt eine Freundin haben möchte?" Er sah uns missmutig an.

„Du bist der emotionalste und liebesbedürftigste Typ, den ich hier kennengelernt habe. Das verstehen die Menschen hier anscheinend nur nicht, weil … naja …" Ich zeigte auf ihn von oben nach unten. Auf seinen Irokesen, auf sein Ziegenbärtchen, seine Army-Jacke und seine zerfledderten Schuhe. Das sprach für sich. „Und will nicht jeder eine eigene chinesische Zuckerdose zum Naschen haben?", fragte ich grinsend und drückte Angel an mich. Sie runzelte die Stirn und befreite sich aus meinem Griff. „Hey, das war ein Witz", fügte ich schnell hinzu.

„Okay", sagte sie nur, stand auf und ging wortlos davon.

„Wieso? Was …?", stammelte ich.

„Alter, der Kommentar war wirklich ein bisschen drüber. Ich glaube, mit deiner Heißblütigkeit mitten auf dem Campus kann die kleine Angel nicht allzu viel anfangen", kommentierte Tuomas.

Angel war aufgesprungen, als wäre mein Schoß eine heiße Oberfläche, und nun fühlte ich mich doch noch wie ihre metaphorische Hämorrhoide.

Tuomas und ich schwiegen uns eine Weile an.

„Also, was ist mit dem Kurztrip nach Nordkorea?", fragte ich schließlich.

„Klar, ich hab dich jetzt eingeplant. Wir fahren übernächstes Wochenende hin. Ich sag Yuma Bescheid, dass du mitkommen willst. Er kauft die Bustickets."

„Na dann auf nach Dandong!", rief ich in freudiger Erwartung.

Kapitel 24
Nordkorea-Tourismus

Freitag, 2. Mai 2014. Dandong, China.

Ich bin immer noch sauer auf Yuma", sagte ich genervt und verschränkte meine Arme.

Tuomas zuckte zusammen. „Ach, komm schon. Er dachte einfach, du wolltest nicht mitkommen, weil du dieses Wochenende etwas mit Angel unternehmen würdest."

„Aber wie um Himmels Willen ist er bitte auf diese Idee gekommen?", fragte ich.

„Hattest du ihm das nicht selbst erzählt?" Tuomas schien überrascht.

„Ganz bestimmt nicht, weil es nämlich nicht stimmt. Ich habe mir das Wochenende extra freigehalten, um mit euch an die nordkoreanische Grenze zu fahren. Und dann habt ihr mir kein Busticket gekauft, weil ich etwas anderes vorgehabt hätte? Das ergibt doch gar keinen Sinn!"

„Ach komm, es ist doch gut gegangen. Du hast ja am Bahnhof noch ein Ticket bekommen."

Nach der mehrstündigen Busfahrt stiegen wir gerade die Stufen zu unserem Hotel in Dandong hinauf. Ich hatte mich hineingeschlichen, da mir natürlich niemand ein Bett reserviert hatte.

„Und wo soll ich schlafen?", fragte ich.

„Also, wenn ich wählen dürfte, würde ich zu Yuki ins Bett." Tuomas grinste.

Yuki war eine wunderschöne Japanerin, mit der ich noch kein richtiges Gespräch geführt hatte. Immer wenn ich sie ansprach, hielt sie ihre Hand vor den Mund und kicherte einfach nur. Ob es japanische Schicklichkeit oder ein Mangel an Englischkenntnissen war, konnte ich nicht sagen. Wahrscheinlich beides.

Yuma blieb vor einer Tür stehen und gab Yuki einen Schlüssel. Sie schlüpfte in ein Zweibettzimmer und schloss sofort die Tür hinter sich. Wir gingen einen Raum weiter und betraten ein Dreibettzimmer.

„Also …", begann Yuma. „Wir haben dieses Dreibettzimmer für uns. Tobias-San, ich schlafe auf dem Boden, weil die unangenehme Situation meine Schuld ist." Er verbeugte sich leicht.

„Ähm, das ist nett von dir", sagte ich verwirrt, weil mein Ärger kein Ziel mehr fand. „Aber mal aus Neugierde: Wieso dachtest du, ich würde nicht mitkommen?"

„Ich dachte, du würdest etwas mit Angel machen." Yuma zuckte mit den Schultern.

„Und wieso dachtest du das?", fragte ich.

„Ihr seid doch zusammen?"

Ich nickte. Er nickte zurück. Damit schien für ihn alles geklärt, denn er wandte sich ab und legte seine wenigen Reiseutensilien zurecht. Anscheinend war für Yuma die Existenz einer Beziehung Grund genug, nichts mehr mit anderen Menschen zu unternehmen. Ich fand das erschreckend, aber irgendwie war es auch ein besonderes Verständnis von Treue. Er sah die Dinge eben anders. Interessanterweise kam er auch nicht einmal auf die Idee, dass noch eine Person in Yukis Doppelzimmer übernachten könnte. So viel Anstand hatte ich in Europa noch nicht erlebt.

Verwirrt, aber entspannter als zuvor warf ich meinen Rucksack aufs Bett und machte mich bereit, Dandong zu erkunden – die chinesische Stadt des Nordkoreatourismus.

Dandong liegt knapp 300 Kilometer östlich von Dalian. China und Nordkorea trennt ein Fluss und wer nach Nordkorea will, muss den Fluss überqueren sowie die strenge Grenzkontrolle passieren. Jeder Nordkoreaner lernt früh: Wer sich der Grenze nähert, wird erschossen. Das Land ist geschlossen, niemand darf ohne Genehmigung rein oder raus.

Natürlich gab es keine Regel ohne Ausnahme. In Shanghai wurden organisierte Reisen nach Nordkorea angeboten. Täglich durften ausgewählte Personen einreisen, vorrangig Chinesen. Jedoch wurden die Touren streng überwacht. So erzählte es mir zumindest Tuomas anhand einer solchen Reise eines Bekannten. Dessen Gruppe war durch Straßen geführt geworden, auf denen Menschengruppen ihren scheinbaren Alltag lebten. Als dieser Bekannte sich einmal unauffällig von der Gruppe trennte und in die letzte Gasse zurückblickte, gingen die Menschen wieder weg und hörten in ihrem Treiben auf. Die Gasse leerte sich in rasanter Geschwindigkeit und lag wie ausgestorben da. Später sah er ein paar Nordkoreaner an Computern. Sie blickten stoisch auf die Bildschirme und schienen ahnungslos, wie diese Geräte bedient werden sollten. In Nordkorea ist es Allgemeinbildung, dass Kim Jong-un den Hamburger für sein Volk erfunden hatte. Er sei folglich ein außerordentlich gütiger Herrscher, so die Propaganda. Außer man stellte ein Wasserglas auf eine Zeitschrift, die sein Antlitz zeigte. Dann wurde man im besten Fall in ein Arbeitslager gesteckt. Ich hätte mich nicht getraut, Nordkorea tatsächlich zu bereisen, dafür hatte ich zu viele Horrorgeschichten über vermisste Touristen gehört.

Da die meisten Personen gar nicht nach Nordkorea einreisen durften, war die chinesische Grenzstadt Dandong als touristisches Reiseziel außerordentlich attraktiv. Dort konnte man hoffen, einen kurzen Blick auf einen dieser Nordkoreaner zu erhaschen. Vielleicht um zu sehen, wie verarmt und schlecht es diesen Menschen ging? Wahrscheinlich war es eine perfide Neugierde, die den Menschen dazu veranlasste, mit einem Fernglas das nordkoreanische Ufer nach Aktivität und Leben abzusuchen. In jedem Fall bewiesen die Rundfahrtenanbieter, Souvenirverkäufer und Kleiderverleiher ihren guten Geschäftssinn, indem sie Stände an dieser Grenze aufbauten.

Von Dandong aus trieb man schon seit langer Zeit Handel mit Nordkorea. Doch im Koreakrieg hatten die USA die wichtigste Brücke durch Fliegerangriffe zerstört. Auf Höhe der Flussmitte ragten spitze Pfeiler jäh ins Nichts. Man durfte die Brücke betreten, denn Nordkorea erreichte man damit eh nicht. Natürlich kostete ein Passierschein Geld: 27 Yuan. *Katsching*, klingelte die Kasse.

Die Touristen tummelten sich auf der kleinen Brücke und zückten ihre ausgeliehenen oder gekauften Ferngläser. Am fernen Ufer gab es vereinzelte Fischer, die ihre Netze auswarfen. Zum Glück für die Fische handelte es sich dabei nur um Schauspieler, die uns ein normales Leben vorgaukelten.

Keine 50 Meter neben der zerstörten Brücke gab es eine neue, intakte Brücke, auf der einzelne Laster hinüberfuhren, um Handel zu treiben. Denn obwohl Nordkorea am liebsten ein komplett autarkes Land wäre, war es auf China als Handelspartner angewiesen. In Dandong gab es dementsprechend auch nordkoreanische Produkte zu kaufen.

Während sich Yuma, Yuta und Yuki jeweils einen Passierschein zum Betreten der Brücke ergatterten, schlenderten Tuomas und ich die touristischen Stände entlang. Wir entdeckten Mini-Quallen im Glas, nach Kot stinkende, lebende Schildkröten, massenhaft Ferngläser, altes, nordkoreanisches Geld und verschiedenste Lebensmittel. Ein Mann prügelte mit einem großen Hammer kraftvoll auf einen klebrigen Reiskuchen ein. Fremdartige Süßigkeiten zeigten sich in buntem Bonbon-Papier. Mein persönliches Highlight war eine rot verpackte, knusprig längliche Schokowaffel aus Vollmilchschokolade, die sich in Einzelriegel knacken ließ. KitKat? *Nein, KicKer!* Höchstwahrscheinlich ebenfalls ein Geschenk Kim Jong-uns an sein dankbares Volk.

Dubios waren die findigen Kleidungsverleiher. Was war noch besser, als vor der nordkoreanischen Küste zu posieren und Selfies zu schießen? Genau! Lokale, traditionelle Kleidung anzuziehen und darin zu posieren. Die bunten Hosen und Kleider waren gelebter Historismus und das Wundergewürz für jedes Familienfoto. Die geliehenen

Hochzeitskleider brachten das Paris-Gefühl an das nordkoreanische Flussufer und der ferne Horizont kokettierte mit waffenstrotzenden Marineschiffen im Vordergrund, während die adretten Anzüge fast vergessen ließen, wann Rent-a-Gewand-Waschtag war.

Stopp. Hatte ich das richtig verstanden? Chinesische Touristen reisten an die geschlossene Grenze zu Nordkorea, um mit Ferngläsern die fremde Küste zu beobachten? Sie kleideten sich in geliehene Festtagsgewänder eines gebeutelten Landes, um sich vor dem Grenzfluss fotografisch zu verewigen? Ich fühlte mich fehl am Platze, wurde sogleich jedoch auf wundersame Weise in das Schauspiel integriert.

„Hey, mĕi guó rén!", rief ein Chinese und winkte Tuomas zu. Es bedeutete so viel wie: Hey, Amerikaner!

„Ich bin Finne", antwortete Tuomas auf gebrochenem Chinesisch.

„Ist das in Amerika?"

„Nein, in Nordeuropa."

„Ah, du bist Russe?"

„Ich … ähm, nein. Ich bin Finne."

Der Mann blickte verwirrt, schüttelte den Kopf, wandte sich mir zu und fragte mich: „Bist du Amerikaner?"

„Nein, ich bin Deutscher."

Sein Gesicht hellte sich auf. Endlich etwas, das er kannte. „Aaah, Deutschland. Wulkswegen!" Er lächelte und klatschte in die Hände.

„Ähm, ja genau. Volkswagen." Ich nickte höflich.

Der Mann holte sein Smartphone hervor, drapierte es auf seinem Selfiestick und stellte sich zwischen uns. Er schoss ein Foto, winkte freundlich und zog von dannen. Auf unserem Spaziergang wurden zig Fotos von uns geschossen. Ob als Schnappschuss schnell aus der Hüfte geknipst, als armeverrenkendes Selfie, auf dem wir nur „rein zufällig" im Hintergrund standen, oder als ein tatsächlich erfragtes Foto.

Warum gab es hier einen derartigen Tourismus? Was verband Nordkorea mit China tatsächlich? Warum trieben beide Länder regen Handel und weshalb übte Nordkorea eine derartige Faszination auf die Chinesen aus? Um zumindest einige unserer Fragen zu beantworten, besuchten wir das Nordkorea-Museum in Dandong.

Kapitel 25
Freiheit

Samstag, 3. Mai 2014. Dandong, China.

Wir betraten das Gelände des historischen Museums in Dandong. Es stand auf der Spitze eines Hügels und so stand uns nach dem Aufstieg der Schweiß auf der Stirn. Dafür wurde das Erklimmen der vielen Treppenstufen mit einem faszinierenden und sehr kontrastreichen Ausblick auf die Stadt und das jenseitige Land belohnt: Im Vordergrund erhoben sich dutzende chinesische Hochhäuser gen Himmel und im Hintergrund erkannte ich auf nordkoreanischem Terrain eine kaum bebaute, hügelige Landschaft. Die wenigen Häuser hinter dem gewundenen Fluss wirkten nicht nur aufgrund der Entfernung äußerst klein.

Ich löste meinen Blick vom Horizont und folgte meinen internationalen Freunden. Sie standen bereits in der Schlange im Vorhof des Museums. Auch sie wirkten äußerst klein, denn um sie herum erhoben sich auf hohen Podesten bedrohliche historische Kampfbuggys. Das angefressene Metall zeugte von Alter, die rostigen Maschinengewehrrohre richteten sich wie mahnende Zeigefinger in Richtung der Besuchermassen.

Wir betraten das Gebäude. Ich hatte relativ wenig Vorwissen über den Korea-Krieg. Während ich durch einen piependen Metalldetektor geschleust wurde – das Alarmsignal wurde einfach ignoriert und ich konnte weitergehen – rief ich mir mein knappes Wissen in Erinnerung.

Nach dem zweiten Weltkrieg wurde das koreanische Gebiet in zwei Besatzungszonen aufgeteilt. Japan hatte den Weltkrieg an der Seite Deutschlands verloren und Korea war bis dahin von Japan annektiert gewesen. Fortan wurde Nordkorea von sowjetischen Mächten kontrolliert und Südkorea von den USA besetzt. Nach dem Weltkrieg wollten die Alliierten das Land wiedervereinen. Doch dazu kam es nie. Nach einiger Zeit versuchte Nordkorea Südkorea zu erobern. Die USA eilten Südkorea zu Hilfe, Nordkorea wurde von China unterstützt. Frieden wurde nie geschlossen, beide Länder befinden sich seitdem im Krieg.

So viel zu meinem Halbwissen rund um den „vergessenen Krieg". Um mehr darüber zu lernen, war ich nun hier. Doch ich ahnte nicht, was mir hier gezeigt werden sollte, denn bei diesem Museum handelte es sich um ein Musterbeispiel chinesischer Propagandalehre.

In der Eingangshalle fiel mir eine riesige Statue Maos ins Auge. Er schüttelte die Hand eines anderen Mannes, wohl der damalige nordkoreanische Befehlshaber. In typisch chinesischer Manier posierte gerade ein junges Mädchen in strammer Militärstellung vor der Statue. Den Kopf leicht erhoben, den Rücken gerade und die Arme eng am Körper wartete sie auf das erlösende Klicken der Handykamera ihrer Eltern. Für mich, der ich eine Erziehung des typisch deutschen „Krieg ist böse, Nazis sind böse, vergesse niemals die Untaten des Zweiten Weltkriegs"-Mantras genossen hatte, mutete sich mir diese Pose bei einem jungen Mädchen recht unwirklich an. *Vielleicht sollte dadurch ja Vaterlandsstolz ausgedrückt werden?* Wovon ich als Deutscher leider nicht viel verstand.

Meinen Blick von dem jungen Mädchen abwendend, entdeckte ich goldene Schriftzeichen und Buchstaben an den Wänden. Zum Glück waren diese Informationen nicht nur auf Chinesisch, sondern auch auf Englisch. Während ich die ersten Informationen las, wurden meine Augen immer größer und ich begann an meinem mentalen Zustand zu zweifeln. Ein kurzer Blick nach links zeigte mir Tuomas, der den Text ebenfalls las und eine ähnliche Reaktion zeigte: Augäpfel, die fast aus den Höhlen sprangen. Er blickte mich an.

„Das meinen die nicht ernst, oder?", fragte er.

Ich schüttelte ungläubig den Kopf.

„Ich weiß nicht“, sagte ich.

Es war ein Text vom 4. November 1950. Die *Joint Declaration Of Democratic Parties In China*, verfasst von Mao und seinen Vasallen:

“The aggression against Korea by the Imperialists headed by the U.S. is threatening China's security gravely. All the Chinese people have focused on the acts of U.S. aggression in Korea and those in the Chinese territory, territorial sky and waters.

The aggressive ambitions of imperialists are limitless. The U.S. imperialists waged the aggressive war against Korea on June 25 this year. The scheme is not only to destroy the DPRK, but also annex Korea, invade China, rule Asia, even conquer the whole world.

The facts for the last four months have proved this fairly. After the U.S. incited the Korean puppet regime of Syngman Rhee [...], U.S. President Truman immediately ordered the U.S. Army, Navy and Air Force to enter the war in Korea. He ordered the U.S. seventh Fleet simultaneously to invade our territorial waters of Taiwan and interfered our liberation of Taiwan [...], its Navy even bombarded our merchant ships in the open sea [...].

The whole Chinese people are now demanding extensively and warmly to struggle for the sacred task to resist U.S. aggression and aid Korea. Such a demand is fully rational and justified. [...]

The Chinese people love peace ardently. We always wanted peace and will do so forever. We want peace in China and Asia and we want lasting peace all over the world for the whole mankind. [...] However the U.S. imperialists and it's accomplices are unwilling to withdraw their troops, stop the aggressive war and solve the Korean problem by peaceful means. [...] Only resistance can teach the imperialists a lesson and solve fairly the issues of Korea [...]. Justice is on our side [...].“

Faszinierend. Die USA wollten also nicht nur Korea erobern, sondern auch China, Asien und die gesamte Welt.

Die USA hätten den Krieg nämlich mit ebenjenem Ziel begonnen und waren nicht bereit, ihre Truppen abzuziehen und Frieden zu akzeptieren. Natürlich musste China gemeinsam mit Nordkorea die gesamte Welt verteidigen, um den heißgeliebten Frieden wiederherzustellen.

Und das war nur die erste von vielen Tafeln, die ich noch lesen sollte. Eine war populistischer und fantastischer als die andere, eine jede sprach von den glorreichen Taten der Chinesen und den finsteren Machenschaften der US-Amerikaner. Die Chinesen hatten laut dieser Darstellungen so unglaublich viele amerikanische Soldaten umgebracht, dass ich mich wunderte, dass sie die USA damit nicht komplett ausgelöscht hatten. Von Chinas Verlusten war niemals die Rede, nur von ihren heroischen Taten und überlegenen Waffen.

Plötzlich war ich mir der Massen an Chinesen um mich herum mehr als bewusst. Und dass mich auf offener Straße viele für einen Amerikaner hielten, verbesserte mein Gefühl nicht gerade. Aber kein Hass schlug mir entgegen. Ab und zu wurde ich zwar angeblickt, doch nicht anders als sonst. Um mich herum wuselten und schlurften die Leute wie immer fotografierend und posierend durch die Gegend. Ich begann mich zu fragen, ob die Chinesen die Texte überhaupt lasen. Und wenn ja, was sie diesen entnahmen? Glaubten sie an die hier dargestellte Historie? Wurde ihnen das so an den Schulen beigebracht? Ich wusste ja bereits um das zensierte Internet: Facebook war blockiert und wenn man Stichwörter wie „Demokratie“ oder „Mao“ auf Google eingab, wurde man auf von der Regierung kontrollierte Seiten weitergeleitet. Mit meinen mangelnden Chinesisch-Kenntnissen bekam ich von der Propaganda nicht allzu viel mit. Aber in diesem Museum erhielt ich solch verdrehte Informationen auf dem Silbertablett serviert und das schlug mir auf den Magen. Ich dachte über die Zeit nach, als ich mich für das Auslandssemester in China entschieden hatte. Ich hatte frei wählen können: Wollte ich nach China gehen oder direkt meine Masterarbeit beginnen? Ich hatte die Wahl gehabt, denn ich war frei und unabhängig in meinen Entscheidungen. Hmm, Freiheit. In Deutschland hat dieses eine Wort spätestens seit Friedrich Schiller, der zeitlebens gegen seine eigene Unfreiheit kämpfte, eine tiefgehende Bedeutung. Selbstverständlich waren wir frei. Das war ja schließlich unser Recht als freie Menschen. Deutsche konnten sich ungehindert bewegen, beinahe weltweit, denn unser Reisepass öffnete uns Grenzen und Kulturen. Überspitzt gesagt ist es eine reine Luxusentscheidung, wofür wir uns entscheiden: Nach dem Abi erst einmal saufen in Australien? Kein Problem. Während des Studiums ein Erasmus-Programm in Barcelona? Salud! Kinder in US-amerikanischen Upper-Class-Familien betreuen? Hier ist dein eigenes Apartment im Obergeschoss unserer 560 qm^2 Villa.

Wir weißen Europäer kämpfen seit langem um Freiheit und für die eigenen Privilegien. Aber Nordkorea? Nordkorea hält immer noch ein ganzes Volk in Gefangenschaft. Dort wird jeder beobachtet. Bei unangenehmen Handlungen wird man verfolgt, eingesperrt und bestraft.

China wies gewisse Ähnlichkeiten auf. Öffentlich kritische Themen anzusprechen war auch dort gefährlich. Freiheit, das Vorrecht der Wahl, blieb in China wie in Nordkorea ein Luxus, den man sich nicht ungehindert leisten konnte. Nehmen wir so etwas Profanes wie Angel und mich: *Welche Wahl hatte Angel in ihren Handlungen? Und welche Chance hatte unsere Beziehung?*

Mit schweren Gedanken lief ich durch das Museum und dachte über viele Dinge nach. Ich brauchte eine Pause und Zeit für mich selbst.

Kapitel 26
Über chinesische Liebesbeziehungen II

Samstag, 10. Mai 2014. Technische Universität Dalian, China.

Acht Wochen waren seit unserem ersten Date vergangen. Angel und ich waren ins Kino gegangen und ich hatte nicht einmal verstanden, dass es ein Date gewesen war. Nun hatten wir uns für einen gemeinsamen Tag zum Essen verabredet und sie blickte mich über ihren Teller hinweg schweigend an. Wir saßen bei meinem Lieblingskoreaner und hatten *Bibimbap* bestellt. Dieses vorzügliche koreanische Essen sollte man nicht mit *Baobab* verwechseln, der Frucht vom afrikanischen Affenbrotbaum. Aber ich erzähle euch nicht von diesem kurzen Ausschnitt meines Lebens, um über Baps zu referieren.

„Ich würde mich über diese Dinge gerne tiefgründig mit dir unterhalten", sagte ich gerade. „Du gehst allen Problemen aus dem Weg, aber das kann ich nicht. Ich meine, du machst so verrückte Sachen mit mir wie letztens, als ich mich in dein Zimmer des Mädchenwohnheims gemogelt hatte. Und obwohl du so abenteuerlustig bist und deinen Wohnheimplatz für aberwitzige Aktionen riskierst, redest du mit mir nicht über Emotionales. Ich meine, was geht in dir vor, wenn du an uns denkst? Was ist mit der Heimlichtuerei gegenüber deinen Eltern? Warum hast du dich überhaupt auf mich und meine westliche Kultur eingelassen? Und mittlerweile schlafen wir seit einem Monat miteinander, aber ob es dir überhaupt gefällt oder nicht, bekomme ich einfach nicht aus dir raus."

Angel blickte mich weiterhin stumm an. Es war zum Verrücktwerden.

„Sag doch etwas!“, rief ich aufgebracht.

Die Menschen am Nachbartisch blickten mich verwirrt an. In China schrie man nicht in der Öffentlichkeit, das war schlecht für den Ruf. Ich atmete ein paar Mal tief durch und beruhigte mich wieder. Unser Bibimbap kam und der freundliche Kellner setzte die heißen Keramiktöpfe vorsichtig vor uns ab. Wie immer brutzelte das Gericht in den Gefäßen direkt am Tisch. Der Mann rührte das Spiegelei unter das Gemüse und den frisch angebratenen Reis. Köstliche Röstaromen stiegen in meine Nase. Als sich der Kellner wieder entfernt hatte und das Essen leise vor sich hin zischte, stand Angel auf und ging.

„Lass uns die Probleme vergessen“, sagte Angel, als wir uns am nächsten Tag am Brunnen neben dem Unistadion trafen. „Einfach alle Probleme vergessen, dann können wir die restliche Zeit genießen.“

Ich blickte sie nachdenklich an und schüttelte den Kopf.

„Nein, ich kann das nicht. Angel ... Xuan ... Ich mag dich sehr gerne, ja, ich hab mich sogar ein wenig verliebt.“ Sie lächelte bei diesen Worten. „Aber du erzählst mir so vieles nicht. Ich brauche eine Frau, die gleichwertig an meiner Seite steht. Eine Frau, die sich Gedanken über Politik und die Welt macht. Eine Frau, die sich ihre Freiheiten nimmt, ihren eigenen Weg geht und doch an meiner Seite läuft. Eine Frau, die offen mit mir redet. Verstehst du das?“

Angel nickte. „Ich sehe das genauso wie du“, sagte sie, doch ich wusste, dass es nur eine leere Floskel war.

„Für mich funktioniert diese Beziehung nicht“, sagte ich traurig.

„Ich wollte das gleiche sagen“, erwiderte sie nur.

Ich suchte ihren Blick, doch Angel sah stur an mir vorbei. Ein seltsam leeres und doch leichtes Gefühl breitete sich in mir aus. *Hatte sie verstanden, was ich gerade gesagt hatte?*

Wir saßen eine Weile stumm nebeneinander. Das menschliche Treiben um uns herum war seltsam normal, doch ich fühlte mich wie ein Mistkäfer mit einer Kotkugel. Ich befand mich inmitten eines wuselnden Haufens allgegenwärtiger Ameisenarbeiter. Doch gehörte ich nicht dazu und rollte ziellos meinen Mistball vor mir her. Die einzige Orientierung hätte mir der Himmel bieten können, doch gerade war er bewölkt, genau wie mein Gemüt. Ich stand auf und klopfte meine saubere Hose ab.

„Okay", sagte ich. „Ich gehe dann mal."

Angel sah weiter stur geradeaus. „Okay", sagte sie nur.

Ich zögerte noch kurz, dann ging ich mit seltsam schwebenden Schritten in Richtung meines Wohnheims. Ich würde Zeit brauchen, um das soeben Geschehene zu verarbeiten. Und Abstand. Ja, vielleicht würde räumlicher Abstand helfen. Kurzerhand beschloss ich, die Uni für eine Weile zu schwänzen und Dalian zu verlassen.

Dieses Mal alleine.

Kapitel 27

White Monkeys

Samstag, 17. Mai 2014. Shanghai, China.

Stefan war ein White Monkey. Seine wichtigste Eigenschaft, ja sein ganzes Arbeitskonzept beruhte darauf, dass er Europäer war. Und weiß. Stefan kam aus der deutschsprachigen Schweiz, genauer aus Luzern. Sobald er ins Schwizerdütsch verfiel, verstand ich ihn weniger als einen chinesischen Bauarbeiter mit Kippe im Mundwinkel, der den fernen Sichuan-Dialekt perfektioniert hatte.

„Das esch e Kaffi zom met devolaufe", rief Stefan gerade. Er musste fast schreien, um die laute Musik des Clubs zu übertönen.

„Ein Kaffee zum Davonlaufen hört sich für mich wie ein wirklich, wirklich schrecklich schmeckender Kaffee an. Oder wie jeder chinesische Kaffee, wenn die Bedienung auf deine englische Bestellung ein wenig zu eifrig nickt", antwortete ich und dachte an meine ersten Tage in China zurück.

„Ech verston die Dütsche ned, ehr redet doch kei Dütsch meh. Kaffee-to-Go, was för en Hafechääs. Kaffi zom met devolaufe. Richtiges Schwizerdütsch."

Stefan schlug dabei mit der flachen Hand auf den Stehtisch. Wir standen im Eingangsbereich eines Shanghaier Nachtclubs und bekamen den Alkohol umsonst, so lange wir uns an ebendiesem Tisch aufhielten. Dafür kam manchmal eine Chinesin oder ein Chinese vorbei und sprach uns auf Englisch an. Außerdem wurden wir von den Neuankömmlingen des Clubs begafft.

Stefan nahm einen tiefen Schluck aus seinem kostenlosen Bier. Dabei handelte es sich um ein Tsingtao, was das Bier der zweitgrößten Brauerei in China war. Es wurde in der ehemals deutschen Kolonialstadt Qingdao nach dem deutschen Reinheitsgebot gebraut und hatte alle Eigenschaften, die mein barbarisches Biertrinkerherz begehrte. Ich nippte an meinem Getränk, lächelte zufrieden und sinnierte über unser Gespräch.

„Erklär mir noch mal deine Arbeit", sagte ich nachdenklich. „Du meintest, du wärst ein klassischer White Monkey, aber ich habe es immer noch nicht verstanden. Bist du jetzt Architekt, Englischlehrer oder Manager? Und kannst du bitte Hochdeutsch sprechen, ich verstehe dein Gebrabbel da nicht."

„Hey!", rief Stefan gespielt gekränkt und grinste dabei. „Aber gut, ich kanns probiere. Also, White Monkey, oder auch *weißer Aff*, das sagt eigentlich schon alles. Das esch en Aff", er räusperte sich und eine Falte legte sich auf seine Stirn. Er schien sich zu konzentrieren, dann sprach er langsamer und deutlicher als zuvor: „Das ist wie ein Affe in einem Zoo. Die Leute schauen dich an und bewundern dich, weil du exotisch bist. Dabei machst du nicht mehr als rumstehen und nett ausschauen."

Er wollte noch einen Schluck von seinem Bier nehmen, das Glas war jedoch leer. Da auf dem Stehtisch allerlei Getränke drapiert waren, nahm er sich einfach ein Neues und trank diesmal direkt aus der Flasche.

„Konkret heißt das, du hast von nichts eine Ahnung, bekommst aber einen Job, einfach weil du weiß bist", fuhr er fort.

„Du meinst, so wie heute Abend?", fragte ich und zeigte auf die vielen Getränke.

„Genau! Nur, dass unsere Bezahlung aus freiem Eintritt und Gratis-Alkohol besteht."

„Aber wir machen doch gar nichts, wir stehen nur rum."

Stefan lachte. „Willkommen bei den White Monkeys. Allein deine Anwesenheit erhöht die Reputation des Clubs. Ausländer sind in Shanghai beliebt. Je weißer, desto besser. Was meinst du, warum wir für den Alkohol direkt im Eingangsbereich stehen müssen?"

Ich erschauderte ein wenig und fühlte mich mehr denn je wie ein Affe aus dem Zoo. Ein weißer Affe.

„Aber du bist doch Englischlehrer, oder nicht? Dafür hast du immerhin studiert."

Stefan antwortete salopp: „Mein Englisch ist so gut wie ein frittiertes Schnitzel in einem Kebabladen. Nein, ich habe mir ein falsches Bachelorzeugnis im Internet bestellt, English Studies an irgendeiner US-amerikanischen Universität. Das merkt hier sowieso keiner."

Ich nickte schockiert und war gleichzeitig zutiefst beeindruckt von der Unverfrorenheit dieses jungen Mannes.

Stefan überlegte kurz, dann zeigte er zum gegenüberliegenden Ende des Clubs.

„Siehst du den DJ vorne am Pult?", fragte er.

Ich nickte. Es war ein junger Kerl, vielleicht Anfang zwanzig, mit markanten Gesichtszügen und unauffälliger Kleidung.

„Fällt dir etwas an ihm auf?"

Ich überlegte kurz und sagte dann. „Er sieht aus wie ein Russe."

„Genau!", rief Stefan, riss jubelnd eine Hand hoch, schloss sie zur Faust und wedelte sie spielerisch drohend in Richtung des DJs. Dabei schwankte er ein wenig. „Definitiv ein Russe! Die übernehmen so langsam alle White Monkey Jobs hier. Die akzeptieren eine viel geringere Bezahlung als wir Europäer. Lohndumping!"

„Ich verstehe nicht so ganz. Was hat das mit den weißen Affen zu tun?", fragte ich.

„Na, guck ihn dir doch an. Der hat keine Ahnung von Musik. Die ganze Playlist wurde von irgendeinem chinesischen DJ vorgefertigt. Der Russe steht da nur rum und versucht gut auszusehen. White Monkey eben."

Jemand tippte mir auf die Schulter. Ich drehte mich um. Vor mir stand eine junge, stark geschminkte Chinesin, die mich nun auf Englisch ansprach. Sie fragte, woher ich käme, und spielte dabei lasziv mit einem Strohhalm. Ich überlegte kurz und antwortete dann auf Chinesisch:

„Wǒ shì dé guó rén.“

Ich lächelte und freute mich über meine wachsenden Sprachkenntnisse.

Die Chinesin runzelte die Stirn, dann ging sie weiter. Sie tippte einem anderen Mann auf die Schulter und das Prozedere wiederholte sich. Er schien sich besser anzustellen, denn die Chinesin blieb an seiner Seite.

Stefan lachte. „Na, da hast du dir ein Eigentor geschossen. Die Chinesinnen kommen doch extra wegen des internationalen Flairs. Denen brauchst du nicht mit Mandarin zu kommen."

Ich zuckte mit den Schultern und fuhr etwas gekränkt mit unserem vorherigen Gespräch fort:

„Und was genau arbeitet jetzt ein White Monkey Manager oder ein Architekt?"

„Beide machen ungefähr das Gleiche. Sie erhalten zumeist eine fertige PowerPoint Präsentation von ihrem chinesischen Auftraggeber und tragen diese einem Komitee vor. Wichtig dabei ist, dass du absolut kein Chinesisch sprechen darfst. Die Zuhörer sind dann staatliche Bürokraten oder Unternehmer. Du tust so, als seist du ein erfolgreicher Architekt oder ein windiger Geschäftsmann aus Europa. Das erhöht automatisch die Reputation und damit die wirtschaftlichen Chancen deines Auftraggebers. Nach der Präsentation verschwindest du aus dem Meeting und erhältst dein Geld. Das war's dann."

„Und sowas machst du?", fragte ich überrascht.

„Nicht mehr so viel wie früher. Das war mir moralisch zu verwerflich. Jetzt arbeite ich hauptsächlich als Englischlehrer."

Ja, mit einem gefälschten Zeugnis, dachte ich und trank von meinem Bier.

Stefan erzählte weiter von seinem schönen Leben in Shanghai. Er lebte in einem der vielen Komplexe für internationale Immigranten, er hatte viele Freunde aus aller Welt und genoss die Aufmerksamkeit der chinesischen Touristen, die vom Umland aus die Stadt besuchten. Als er sich kurze Zeit später in ein Gespräch mit einer interessierten Chinesin vertiefte, verabschiedete ich mich und wanderte durch den Club. Wie in Dalian gab es auch hier einzelne Nischen für die Privatsphäre kleinerer Gruppen. Die Tische bogen sich unter den üppigen Bestellungen der Neureichen und vereinzelt wurden Würfelspiele gespielt. Als ich eine der vielen Gruppen auf Chinesisch fragte, welches Spiel sie da spielten, wurde ich entnervt verscheucht. Sie wollten unter sich bleiben.

Irgendwie stimmte die Atmosphäre mich traurig. Ich überlegte, mir beim White Monkey DJ ein Lied zu wünschen, aber das würde wahrscheinlich gar nicht funktionieren. Kurzerhand überließ ich die Nacht sich selbst und verließ den Club.

Kapitel 28
Shanghai

Sonntag, 18. Mai, bis Dienstag, 20. Mai 2014. Shanghai, China.

An den folgenden Tagen erkundete ich die Stadt. Hier herrschte eine gänzlich andere Stimmung als im fernen Dalian. Shanghai war vom Wetter her viel wärmer und tropischer als der kältere Norden, aber vor allem gab es solch ein internationales Flair, dass ich bei meinem ersten Spaziergang meinen Augen kaum traute: Plötzlich fand ich mich auf einem Oktoberfest wieder. Ich war durch ein völlig normales Wohnviertel gelaufen - Hochhäuser reihten sich aneinander, kleine Restaurants verkauften Baozi und Suppen – und zack, lief mir eine Chinesin im Dirndl vor die Füße.

Nachdem mir die lederhosentragenden Barkeeper ein deutsches Pils gezapft hatten und ich die üblichen Vorurteile wie die Vermischung deutscher und bayerischer Kultur bei Bier und Brezel genossen hatte, zog es mich weiter in die touristischen Gegenden, denn in Shanghai gab es zahlreichen Sehenswürdigkeiten.

Von der berühmten Skyline in Pǔdōng über architektonische Schätze der Kolonialzeit in Wàitān (engl.: „The Bund") bis hin zur historischen Altstadt mit daoistischen Tempeln und dem Garten von Yù gibt es in Shanghai einiges zu bestaunen. Hier tummeln sich Touristen und westliche Immigranten, kein Wunder also, dass diese Stadt stetig wächst. Allein im riesigen Stadtzentrum Shanghais lebten zum Zeitpunkt meines Besuchs über 15 Millionen Einwohner. Zählte man die wachsende Region hinzu, die als eigene Provinz nur noch der Zentralregierung untergeordnet war, waren es bereits über 24 Millionen.

Die historische Altstadt sollte man jedoch mit Vorsicht genießen. Betrüger versuchten dort ihr Bestes, um Touristen übers Ohr zu hauen. Das Sprichwort *néng piàn jiù piàn* – „Wenn du betrügen kannst, dann betrüge" - wurde in Perfektion gelebt. Auf YouTube hatte ich mir zuvor die Tricks angesehen und ein paar Scharlatanen begegnete ich auch selbst. Es gab falsche Mönche, die Spenden sammelten und für sich behielten. Teure iPhones wurden günstig angeboten und beim Verkauf unauffällig durch Fälschungen ersetzt. Auf offener Straße wurde man zu Tee-Zeremonien eingeladen, wo dem ahnungslosen Touristen eine Teekanne serviert wurde, die plötzlich Hunderte von Euros kosten sollte. Weigerte man sich zu zahlen, drohten einem die hauseigcnen Schläger Gewalt an. Rief man die Polizei, half diese dem Teehaus – denn entweder war es ein legaler Trick, auf Chinesisch in die Speisekarte eingebaut, oder die Polizei erhielt Schmiergeld. Man hatte also keine Chance. Darüber hinaus boten die Händler hier ihre Waren zu Preisen an, als würden sie ihr Letztgeborenes zum Verkauf anbieten. Es war nicht unüblich, dass man die Preise um 90 % oder mehr herunterfeilschen konnte. Wenn man sich in Shanghai bewegen wollte, ohne Betrügern auf den Leim zu gehen, musste man mit wachen Augen durch die Gegend laufen. Ich fand das sehr schade, denn es trug einen Großteil zum schlechten Ruf Chinas in Europa bei. Aber die Maximierung des kurzfristigen Gewinns mithilfe fieser Tricks gehörte genauso zur chinesischen Kultur wie der extreme Familienzusammenhalt. Letzteren erlebt man als Tourist jedoch nicht und so blieb mir nur der bittere Beigeschmack.

Mit Vorsicht manövrierte ich mich durch den Großstadtdschungel. Ich wollte mir einen Anzug maßschneidern lassen, denn wenn man richtig verhandelte, waren die Preise hier viel niedriger als in Europa. Bei verschiedenen Händlern feilschte ich so gut ich konnte, doch aus Angst, immer noch zu viel zu bezahlen, kaufte ich nichts. Das war außerordentlich dumm, ich weiß, doch manchmal steht man sich eben selbst im Weg. Immerhin kann ich behaupten, dass niemand in Shanghai es geschafft hatte, mich zu betrügen. Dafür hatte ich aber auch rein gar nichts gekauft.

Auch der lokale Heiratsmarkt war einen Besuch wert. Insbesondere wegen der historischen Ein-Kind-Politik gab es einen Überschuss an ledigen Männern. Man nannte sie *guāng gùn*, was auch Bachelor bedeutet. Gewiefte Geschäftsmänner hatten daraus ein eigenes Fest entwickelt, das dem Black Friday stolz Paroli bot: das *guāng gùn jié* oder auch *Singles Day*, bei dem man sich selbst beschenkte. Das Datum war der 11.11., angeblich weil es mit seinen einsamen Einsern vier Singles repräsentierte, die wie die Einser zur Zahl 11 zu Paaren zusammenfinden können. Online-Händler wie Alibaba erzielten an diesem Tag mittlerweile Rekorderlöse, die den westlichen Black Friday kombiniert mit dem Cyber Monday bei weitem übertrafen.

Der lokale Heiratsmarkt hingegen basierte auf alten Traditionen. Dort wurden zumeist von sorgenvollen Eltern Steckbriefe an schwarze Bretter genagelt, welche die wichtigsten Eigenschaften des Sprösslings umfassten: Alter, Größe, Beruf und Kapitalstärke. Quasi alles, was das Herz begehrte. Insofern das Herz aus einer Geldbörse bestand. Die Kontaktdaten der Eltern standen anbei und bei Interesse konnte man sich bei ihnen melden. Normalerweise taten dies dann die Eltern der Suchenden. Es war, als würden deine Eltern für dich tindern. An einem schwarzen Brett. Auf dem Marktplatz ...

Das erinnerte mich an Angel und mit welchen Schwierigkeiten sie wahrscheinlich zu kämpfen hatte. Doch ich schüttelte den Kopf. Ich war hier, um den Kopf freizubekommen und mich abzulenken. Doch irgendwie wollte es mir nicht ganz gelingen. Die Stadt erinnerte mich mit ihrem internationalen Flair nur an die Gegensätze der chinesischen und der westlichen Kultur. Hier prallten Welten aufeinander.

Ich machte mich wieder auf den Weg zurück nach Dalian. Schwere Gedanken begleiteten mich. *Was hatte ich bisher über China gelernt? Was hatte mir die Beziehung mit Angel gebracht? Und wie sollte ich die restliche Zeit und meinen freien Monat nach dem Semester nutzen?* Ich hatte immer noch kein Rückflugticket nach Hause, weil ich über Ort und Datum meiner Heimreise flexibel hatte bleiben wollen. Nun wurde es langsam Zeit, mich zu entscheiden.

Kapitel 29
Die Küche

Samstag, 24. Mai 2014. Küche, Wohnheim Nr. 2, Technische Universität Dalian, China.

Du kannst Fabien nicht vertrauen! Der will dich nur flachlegen", sagte ich aufgebracht zu Sherry.

„Was ich kann und nicht kann, überlässt du schön mir", erwiderte sie.

Sherry war sauer. Ich konnte es ihr nicht verübeln, immerhin hatte sie mir gestern von ihrem besitzergreifenden Ex-Freund erzählt, der ihr unablässig Dinge vorgeschrieben hatte. Jetzt tat ich augenscheinlich das Gleiche.

„Wenn ich flachgelegt werden will, dann werde ich das", fuhr Sherry fort. „Und um es für so Vollpfosten wie dich klarzustellen: Nur weil wir uns die letzten Tage näher kennengelernt haben, hast du noch lange kein Mitspracherecht bei meinem Körper!"

„Aber darum geht es mir doch gar nicht!", rief ich aufgebracht und meinte es auch fast ehrlich.

Sherry nahm ihre Rum-Cola abrupt von der Fensterbank. Sie schwankte etwas dabei, wodurch ein paar Tropfen auf ihre Bluse spritzten. Dann ging sie zu Fabien zurück. Anscheinend hatte ich mit meinem Kommentar irgendeinen schlimmen Trigger aktiviert, denn sogleich führten Sherry und Fabien einen gefühlvollen Dialog inklusive aller Varianten körperlicher Nähe. Es passte kaum ein DIN-A4-Blatt zwischen ihre Körper. Um dem Ganzen die Krone aufzusetzen, strich Fabien langsam über den noch feuchten Fleck in der Nähe ihres Dekolletés.

Ich hatte es vermasselt. Wütend auf mich selbst drehte ich mich zur Fensterscheibe und blickte in die Nacht hinaus. Am Anfang der Woche hatte ich eine Gruppe internationaler Studenten kennengelernt, die in einem höheren Chinesisch-Kurs waren. Unter ihnen war auch Sherry gewesen, eine Malaysierin Anfang dreißig, mit der ich in den letzten Tagen auf langen Spaziergängen tiefgründige Gespräche geführt hatte. Alles war wunderbar gelaufen und gestern hatte sie mir von einer Party in der Küche ihres Wohnheimes erzählt. Es war das berüchtigte Wohnheim Zwei für ausländische Studierende. Dort gab es die mir immer so fern gebliebene Küche. Sie meinte, ich könne mich ganz einfach in das Gebäude reinmogeln, bei mir als Westler würde es sowieso nicht auffallen. Hätte ich das nur früher gewusst, dann hätte ich auch endlich mal wieder kochen können.

In Erwartung einer aufregenden Nacht war ich einfach in das Gebäude hineinspaziert. Wie von Sherry angekündigt hatte es niemanden gestört. In der Annahme, ich würde die Nacht mit Sherry verbringen, hatte ich auch überhaupt nicht ans Verlassen des Gebäudes gedacht. Nun trat in Form Fabiens der Worst-Case auf. *Warum war er überhaupt hier?* Er schlief doch wie ich im anderen Wohnheim und hatte dieselbe Sperrstunde.

Ich sah auf die Uhr. Es war kurz nach Mitternacht. Damit war das Gebäude schon lange abgeriegelt. *Scheiße.* Vielleicht konnte ich Sherry noch von den eher düsteren Absichten des Franzosen überzeugen? Aber was waren überhaupt meine Absichten? War ich nicht selbst schuld an dem Reinfall? Ich ging auf die beiden zu, doch kaum sah Sherry, dass ich mich ihnen näherte, küsste sie Fabien. Dieser stieg freudig darauf ein und schon machten sie heftig rum. *In Zukunft sollte ich wohl besseres Sherry-Cherry-Picking betreiben*, dachte ich. *Yes!* Wenigstens hatte ich es geschafft, einen miserablen Wortwitz aus der ähnlich miserablen Situation zu kreieren. Keine schlechte Quote für einen Partyabend. Frustriert wandte ich mich von den beiden ab, nahm ein Bier und setzte mich an den Küchentisch. Dort saßen mir unbekannte Menschen bei einem Trinkspiel. Ein Becher mit Würfeln wurde an meinen rechten

Sitznachbarn weitergereicht. Er würfelte, deckte auf und alle johlten. Dann trank jeder. Ich hatte keine Ahnung, wie das Spiel funktionierte, doch ich grölte einfach mit und trank einen tiefen Schluck.

Plötzlich wurde die Küchentür heftig aufgerissen und ein Chinese stand schreiend im Türrahmen. Er packte die erstbeste Person, einen schlaksigen Mann, grob am Arm und schubste ihn heftig mit dem Kopf gegen die Wand. Der junge Mann sank sofort zu Boden und regte sich nicht mehr. Ich sprang panisch auf und warf dabei meinen Stuhl und das Bier um. Die Leute wichen vor dem Chinesen zurück. Immerhin griff er niemanden mehr an, dafür schrie er weiter herum. Es war der Sicherheitsmann vom Eingang. Kurz dachte ich, er hätte unser illegales Betreten entdeckt, doch er kümmerte sich gar nicht um uns. Er wollte einfach die Party auflösen und tat das mit einer Grobheit, die mich erschreckte.

Schnell ging die Ansammlung auseinander. Ich half einer Spanierin dabei, den desorientierten, am Kopf blutenden Mann hochzuheben und aus der Küche zu tragen. Als alle den Raum verlassen hatten, schloss der Chinese die Tür ab und verschwand so schnell, wie er erschienen war. Ich schaute mich um. Der Flur leerte sich rasant. Von Sherry und Fabien war keine Spur. Die Spanierin brachte den blutenden Kerl in ein nahegelegenes Zimmer. Ich war allein.

Anscheinend würde es eine lange Nacht in einem düsteren Flur für mich werden. Ich schwor mir, mich für den Rest meines China-Aufenthaltes nicht mehr auf Frauen einzulassen.

Kapitel 30

Die russische Kommune

Samstag, 7. Juni 2014. University of Foreign Languages, China.

Und dann habe ich mich einfach dazugesetzt", fuhr ich mit meiner Geschichte auf Englisch fort. Ich war regelrecht euphorisch.

Der Taxifahrer verstand kein Wort und nickte einfach. Er musste mich auch gar nicht verstehen. Eigentlich war es sogar ganz gut so, denn ich wollte keine weiteren Skandale an der Universität provozieren. Nichtsdestotrotz wollte ich irgendjemandem meine aufregende Geschichte erzählen. Der Taxifahrer kam mir gerade recht.

„Ich meine, es war bereits 6 Uhr morgens und wir waren nach einer langen Freitagnacht im JD's zu McDonalds gefahren. Zunächst hatte ich schlechte Laune, denn ich wurde diesen vermaledeiten Franzosen nicht los. Fabien hielt gerade eine Mexikanerin in seinem rechten Arm und bestellte einen Burger. Bei dem Anblick wurde mir schlecht. Ich wollte mich mit meinem Tablett möglichst weit weg hinsetzen und blickte mich um. Da entdeckte ich sie: zwei junge Frauen am Ende des Raumes. Eine sah chinesisch aus und die andere, die andere war eine westliche Schönheit. Betrunken wie ich war, tat ich das Unvermeidbare. Ich setzte mich einfach dazu. Als ich die beiden auf Englisch angesprochen hatte, antwortete die Chinesin. *Wǒ bù shuō yīngyǔ*, sagte sie." Der Taxifahrer nickte bei den ihm bekannten Worten.

„Ich mühte mich ab, mit meinen begrenzten Sprachkenntnissen ein Gespräch in Gang zu bringen. Meine Sätze waren grottig, das muss ich zugeben. Ich schob es natürlich auf die Uhrzeit und meinen Alkoholpegel. Aber die Russin. Die Russin ...", ich blickte verträumt „Sie war wunderschön. Dabei sprach sie kein Wort. Wenn ich's recht bedenke, war sie dadurch noch zauberhafter."

Ich pausierte kurz, um meinen Gedanken nachzuhängen.

„Du fragst dich sicherlich, was dann passierte?"

Der Taxifahrer nickte passenderweise.

„Meine Leute haben mich einfach sitzen lassen! Kaum war ich 20 Minuten beschäftigt, schon nahmen meine Freunde ein Taxi nach Hause."

Ich tat gespielt wütend und reckte eine Faust in die Höhe. Dabei stieß ich an die Autodecke. Der Fahrer beschwerte sich prompt mit einem Schwall mir unverständlicher Worte. Ich ignorierte ihn und fuhr mit meiner Geschichte fort:

„Na gut, eigentlich habe ich darauf bestanden, noch etwas zu bleiben. Das war recht hilfreich, weißt du, denn dadurch habe ich die beiden Mädels fragen können, ob sie mich mitnehmen könnten. Und tatsächlich, meine Uni lag auf ihrem Heimweg. So fuhr ich kurze Zeit später in ihrem Taxi mit!"

Ich lächelte, denn die chinesische Freundin hatte sich nach vorne gesetzt, während die Russin es sich mit mir auf der Rückbank gemütlich machte.

„Sie hatte sich sogar in die Mitte gesetzt und unsere Beine berührten sich leicht", fuhr ich fort. „Volltrunken schwebte ich im siebten Himmel und meine Glückshormone schmiegten sich um mich wie zuckerweiche Wattewolken. Ist Zucker weich? Egal. Leider war die Fahrt viel zu schnell vorbei und ich musste aussteigen. In letzter Minute traute ich mich doch noch. Ich hielt der Russin mein Handy hin und blickte sie stumm fragend an. Sie lächelte nur und tippte etwas ein. Dann gab sie mir mein Smartphone zurück. Ich stieg aus und das Taxi fuhr los. Als ich voll Euphorie auf mein Display schaute, war es unheilvoll schwarz. *Scheiße*, dachte ich, und versuchte es einzuschalten. Der Akku war leer. *Mist, Mist, Mist*, rief ich in den Morgen hinaus. So schnell war ich noch nie nach Hause gelaufen, glaub mir."

Ich machte eine dramaturgische Pause und erwartete eine vor Spannung triefende Rückfrage, doch der Taxifahrer rührte sich nicht. Ich fuhr trotzdem fort:

„Kaum war ich zu Hause angekommen, da hatte ich mein Handy zum Aufladen eingesteckt. Und Zack! Schon war ich eingeschlafen! Stell dir das mal vor! Einfach eingeschlafen! So betrunken war ich.

Am nächsten Morgen bin ich hochgeschreckt und habe zweimal mein Passwort falsch eingegeben. Es war wie in einem schlechten Film. Der letzte Versuch klappte zum Glück. Als ich endlich auf meine Kontaktliste zugreifen konnte, wusste ich gar nicht, nach welchem Namen ich suchen musste. Ich hatte gedacht, ich müsste meine gesamte Liste überprüfen, doch direkt nachdem ich das Telefonbuch geöffnet hatte, entdeckte ich ihn ganz oben. Ihren Namen: Aleksandra."

Ich schaute verträumt aus dem Fenster. Dort sah ich nichts, denn es war stockfinster.

„Ich schrieb ihr sofort und dann erfuhr ich, warum sie bei unserem Kennenlernen nicht gesprochen hatte. Sie konnte kein Chinesisch!"

Ich lachte und der Taxifahrer lachte mit. Netter Typ.

„Weißt du, Aleksandra war Russin, genau wie ihre chinesisch aussehende Freundin. Die hatte einfach chinesische Vorfahren. Unser Kennenlernen war also ein einziges Durcheinander. Aber jetzt kommt mein unfassbares Glück! Aleksandra ist die einzige Russin in ihrer Kommune, die Englisch sprechen kann. Weil sie das für ein paar Jahre studiert hat, verstehst du?" Keine Reaktion.

„Daraufhin haben wir uns für den nächsten Tag verabredet. Wir sind gemeinsam in diesen Wasserpark gegangen. Wie heißt er noch? *Lǎohǔ tān hǎiyáng gōngyuán*?"

Jetzt nickte der Taxifahrer verstehend und erzählte irgendetwas über diesen Wasserpark. Ich unterbrach ihn unruhig, um mit meiner Geschichte fortzufahren.

„Es war ein derart schöner Tag und wir haben uns richtig gut verstanden. Und jetzt, jetzt mache ich mich auf den

Weg zu ihr. Zu Aleksandra. Sie wohnt in einer WG mit anderen Russen an der *University of Foreign Languages*." Ich lachte. „Aber wem erzähl ich unser Ziel. Du bist ja der Taxifahrer." Ich zögerte kurz und wurde nervös. „Du weißt doch, wo wir hinfahren, oder? *Dàlián wàiguóyŭ dàxué*, richtig?"

Der Taxifahrer nickte und ich beruhigte mich wieder. Meine Erzählung war nun zu Ende und so lehnte ich mich zurück. Der nette Herr am Lenkrad nutzte die Gelegenheit und quatschte mich auf Chinesisch zu. Wahrscheinlich aus Rache. Er stammte aus Harbin und empfahl mir das dortige Eis- und Schneefestival. Viel mehr verstand ich nicht, aber ich war auch viel zu aufgeregt, um zuzuhören.

Die Taxifahrt dauerte eine volle Stunde. Die beiden Universitäten waren weiter voneinander entfernt, als ich gedacht hatte. Mit 15 Euro war es meine bis dahin teuerste Taxifahrt in China, aber das war es wert.

Als ich ausstieg, wurde ich bereits erwartet. Aleksandra umarmte mich freudig und wir küssten uns zur Begrüßung. Alles kribbelte in meinem Körper. Dann gingen wir in ihr Apartment.

„Männer kochen nicht! Setz dich hin und mach es dir gemütlich. Ich koche für dich", sagte sie energisch.

„Ähm, okay", antwortete ich zögernd und setzte mich widerstrebend. Die russische Kultur schien mir unerwartete Tücken aufzuweisen.

„Was möchtest du essen?", fragte Aleksandra.

„Was kannst du denn kochen?", fragte ich zurück.

Sie schien peinlich berührt zu sein. „Wie wäre es mit Nudeln und Ketchup?" Ich lachte.

„Hey!", rief sie. „Ich hatte noch keine Gelegenheit, das Kochen zu erlernen. Mein Studium war bisher zu anspruchsvoll und ich hatte noch keinen Mann in meinem Leben, den ich hätte bekochen müssen."

Wie seltsam es doch war, wenn Tradition auf Moderne traf. So ähnlich musste es in Deutschland vor einigen Jahrzehnten auch ausgesehen haben.

„Dann lass mich doch kochen. Ich kann es tatsächlich und mache es ganz gerne."

Ich stand auf und wollte mich an den Herd begeben, doch Aleksandra schubste mich spielerisch zurück auf den Stuhl.

„In Russland ist Kochen Frauensache."

Ich beschwerte mich nicht weiter, dennoch war es innerhalb kurzer Zeit die zweite Küche in Reichweite und noch immer hatte ich keine Möglichkeit, sie zu benutzen. Der Irrsinn mir fremder Kulturen ging weiter.

„Aleksandra …", begann ich.

„Nenn mich Sasha. Das ist mein Spitzname", unterbrach sie mich.

„Sasha? Echt?", wunderte ich mich. „Na gut. Also, Sasha … Ich will ehrlich zu dir sein. Ich bin nur noch ein paar Wochen in Dalian, dann verreise ich und bald danach fliege ich nach Hause. Ich möchte deine Gefühle nicht verletzen."

„Das ist okay. Lass uns die Zeit einfach genießen", sagte sie.

Ich fühlte mich wie in einem Déjà-vu und nahm mir vor, möglichst bald ein Seminar über Konsequent-Sein zu besuchen.

So kam es, dass ich in den nächsten Wochen ein kleines Vermögen für Taxifahrten zahlte. Witzigerweise lernte ich so viel Chinesisch wie nie zuvor, denn Aleksandras Freundeskreis bestand ausschließlich aus Russen, die kein Englisch sprachen. Ich hatte die Wahl zwischen Russisch und Chinesisch. *Bljad.*

Da Aleksandra ein mir bis heute unerklärliches Talent dafür besaß, das Nudelwasser anbrennen zu lassen, aßen wir nach ihrem ersten Kochversuch ausschließlich auswärts. Ihre Küche durfte ich nie benutzen. Es war eine schöne und unbeschwerte Zeit.

Kapitel 31

Gespräche mit der Heimat

Samstag, 21. Juni 2014. Technische Universität Dalian, China.

Es war Sommer. Ich stand mit einer Tasse Grüntee auf meinem verglasten Balkon und sah den Menschen im Innenhof beim Rückwärtsgehen zu. Zumindest das hatte sich seit meiner Ankunft nicht verändert. Die ruhigen, fast stoischen Bewegungen dieser Sportart übten eine meditative Wirkung auf mich aus.

Ich atmete tief ein und aus. Die Mittagssonne wärmte mein Gesicht und die Landschaft leuchtete in sattem Grün. Die Bäume und Sträucher glitzerten feucht, bewässert von der Armada an Gärtnern, die täglich ihrer Arbeit nachgingen. In diesem Land wurde einfach alles von einer großen Masse an Menschen bewerkstelligt. Es war so, als hätten chaotische Minions landesweit die Kontrolle übernommen. Die Ressource Mensch schien diesem Land niemals auszugehen.

Ich wandte mich vom Innenhof ab und setzte mich an meinen Schreibtisch. Das Computerspiel *Mount and Blade* lief mit leiser Musik im Hintergrund. Es war ein Action-Rollenspiel zur Zeit des dunklen Mittelalters. Ich spielte einen jungen Mann, der eine Armee anführte, um die Fantasiewelt des Spiels zu erobern und darüber zu herrschen. Mein derzeitiger Spielstand lag bei soliden 60 Spielstunden. Ich runzelte die Stirn. *Hatte ich wirklich schon so viel gespielt?* Seitdem ich die Wirtschaftskurse nicht mehr besuchte, hatte ich eindeutig mehr Zeit. Aleksandra konnte ich nur am Wochenende sehen und so lenkte ich mich unter der Woche ab. Doch heute war endlich Samstag! Ich ignorierte die dudelnden Klänge des Spiels, stand auf und ließ mich einen Meter weiter hinten auf mein Bett fallen.

Mittlerweile federten drei Matratzenmatten meinen Sturz. Ich schloss die Augen. Immerhin, den Chinesisch-Kurs besuchte ich regelmäßig, zumindest solange ich keine Ausflüge in andere Städte oder zu Aleksandra unternahm. Entgegen der Drohung, ich würde beim Schwänzen des Unterrichtes des Landes verwiesen, war nichts passiert. Nun ja, fast nichts.

Nina, eine Kommilitonin und gute Freundin aus Deutschland, hatte mich gestern per Skype gefragt, was bei mir los sei. Sie arbeitete an unserem Institut in Münster als studentische Hilfskraft und hatte ein paar Gerüchte von Shenmi gehört. Die hatte sie wiederum von Rainbow erfahren, die in Dalian auf der Straße ein paar Dinge gehört hatte.

„Stimmt es wirklich, dass du eine chinesische Freundin hattest? Und die hast du dann verlassen, um eine Russin zu daten? Und die Uni besuchst du auch nicht mehr? Man sagt, du hättest nur Frauen im Kopf. Was ist los bei dir?", hatte Nina gefragt.

Mir hatte der Mund offen gestanden. Im Videochat hatte das außerordentlich dämlich ausgesehen und so hatte ich ihn schnell wieder geschlossen.

„Ganz so ist es nicht abgelaufen", hatte ich seufzend geantwortet. Die chinesische Gerüchteküche trieb mich zur Weißglut. Nun erzählte man sich sogar in Deutschland diese irrsinnigen Dinge. *Na gut, einiges davon stimmte ja auch. Naja, eigentlich alles. Aber was ging es die Leute an?* Ich spielte plötzlich das chinesische Spiel der rigorosen Reputation mit. Der Sog des drohenden Gesichtsverlustes hatte mich erreicht. Leider verstand ich die Spielregeln nicht zur Gänze, wodurch ich dabei war, haushoch zu verlieren. Wäre es Monopoly gewesen, hätte ich meine Gefängnis-frei-Karte verlegt, alles Geld verzockt und nun wäre ich auf dem direkten Weg zur turmhoch bebauten Schlossallee.

„Ach, Tobi ...", hatte Nina gesagt. „Dann erzähl mal. Was ist los?"

Und ich hatte ihr berichtet. Von meiner misslungenen Beziehung mit Angel. Von den leeren Drohungen an der Uni. Von den Wirtschaftskursen, die mir nichts brachten, nicht einmal den Rausschmiss, und von dem Gefühl, ein Pandabär im Affengehege zu sein. Wenige Tage nachdem ich die Beziehung mit Angel beendet hatte, wusste die ganze Uni Bescheid und nun auch meine Kommilitonen in Deutschland. Die Chinesen plauderten wirklich über alles. Ich hoffte, dass es Angel nicht schadete. Mittlerweile verstand ich die Vorsicht dieses Volkes, bloß nichts zu tun, was negative Aufmerksamkeit auf einen lenken könnte. War man einmal im Fokus der Masse, im schlimmsten Fall sogar der Behörden oder der kommunistischen Partei, konnte man seine Freiheiten vergessen. Ein falscher Kommentar in sozialen Medien über Xi Jinping, und man wurde massenweise entfreundet. Ein Fehltritt an der Universität und man konnte seine Karriere vergessen. Ich konnte China jederzeit verlassen, um all dem zu entkommen, doch das war in diesem Land längst nicht für alle eine Option. Sei es aus Geldmangel, wegen politischer Schwierigkeiten oder einfach aufgrund der Angst, die eigene Komfortzone zu verlassen.

„Was sagt man an unserem Institut über diese Gerüchte?", hatte ich Nina gefragt.

„Ach, keine Sorge." Sie winkte ab. „Den Doktoranden und dem Professor hier ist es ziemlich egal, was du in China machst, solange du am Ende eine gute Rezension über das Programm schreibst. Du weißt schon, als Werbung für die kommenden Studenten. Ein oder zwei Seiten sollten reichen." Nina blätterte durch irgendwelche Unterlagen auf ihrem Schreibtisch.

„Wie wäre es, wenn ich ein ganzes Buch über meine Erfahrungen hier schreibe? Aber es soll ein wirklich authentischer Reisebericht werden. So eine Art erzählendes Sachbuch. Fast wie ein Roman, nur in echt. Und bloß nicht diese überzogen positiven Kurzberichte", sagte ich.

„Wie bitte?" Nina blickte fragend auf.

„Ach, nichts …", murmelte ich. „Ein oder zwei Seiten also?"

Nina nickte. „Jaja, einfach wie toll es war und dass du viel gelernt hast oder so etwas."

Ich nickte ebenfalls. „Ja. Viel gelernt … Ich schau mal, was ich so aufs Papier bringen werde."

„Moment mal!" Nina schien etwas einzufallen. „Du hast die Russin gar nicht mehr erwähnt. Was ist an dieser Geschichte dran?"

„Was? Ich verstehe dich nicht. Die Verbindung ist … krrrkh brrr grrrhaa." Ich schüttelte am Laptop und das Bild wackelte.

„Tobi. TOBI! Hör auf damit! Ich sehe dich, wie du die Geräusche machst. Und lass den Laptop in Ruhe, bei der wackelnden Kamera wird mir schlecht …"

Ich hörte auf und verstummte. Dann lächelte ich über ihre Frage. „Sagen wir mal, ich habe in letzter Zeit keine Chinesinnen mehr kennengelernt, sondern mehr wie ein internationaler Student gelebt."

„Das heißt was genau?", fragte Nina.

„Anstatt mich weiter den Hürden der chinesischen Kultur und dieser exotischen Sprache zu widmen, habe ich versucht, mein Auslandssemester einfach nur zu genießen, indem ich gefeiert und geflirtet habe. Das ist aber einfach nur schiefgegangen. Die Malaysierin ignoriert mich mittlerweile."

„Welche Malaysierin?", fragte Nina.

„Oh, ähm … Ach, das ist nicht der Rede wert. Eine kleine Fußnote meiner Geschichte."

„Und du erzählst wirklich keine Details über die Russin?", fragte sie erneut.

„Vielleicht zu einem späteren Zeitpunkt", antwortete ich.

Nina seufzte. „Na gut. Aber sag, wie geht es eigentlich Bernhard? Von ihm habe ich lange nichts gehört."

„Da geht es mir ähnlich. Er ist in einem anderen Chinesisch-Kurs als ich und ich gehe nicht mehr zu den Wirtschaftskursen. Unsere Wege haben sich irgendwie getrennt. Aber gerade ist er sowieso für ein paar Wochen auf den Philippinen. Ich habe ihn seit einer Weile nicht gesehen."

„Oh, okay. Wann genau kommst du eigentlich wieder nach Deutschland? Du wolltest doch in China herumreisen, oder nicht?", fragte sie.

„Weißt du", antwortete ich, „ich glaube, ich habe genug über dieses Land gelernt. Ich habe da schon etwas im Kopf, was ich stattdessen machen möchte."

„Okay, du mysteriöses Genie. Aber komm heile wieder zurück, ja?"

„Ich kann nichts versprechen", entgegnete ich grinsend.

Nun lag ich auf dem Bett und organisierte zwei Reisen auf meinem Handy. Es war ein wenig umständlicher als sonst, denn mittlerweile war auch Google in China verboten und ich musste entweder chinesische Suchmaschinen nutzen oder meinen langsamen VPN-Clienten anwerfen.

Der erste Trip war kein Problem, denn ich musste dafür nicht viel planen. Allan, der einzige Chinese, den ich mittlerweile als meinen Freund betrachtete, hatte eine Wochenendreise bei einem chinesischen Anbieter für uns gebucht. Es war ein Rundum-Sorglos-Paket mit einer chinesischen Reisegruppe. Allan schrieb gerade, dass Bernhard die kommende Woche wiederkäme und sich uns anschließen würde. Damit waren wir zu viert: Allan, Bernhard, Aleksandra und ich. Ob es ein Fehler war, Sasha einzuladen? Aber der Romantiker in mir konnte nicht anders.

Den zweiten Trip wollte ich nach Beendigung meines Semesters beginnen. Ich wollte recherchieren, von wo es Anfang August den günstigsten Flug zurück nach Deutschland gab. Die einzige Bedingung für mich war, dass es außerhalb Chinas sein musste. Als ich den günstigsten Abflugort entdeckte, setzte ich mich auf und lächelte.

Bangkok. Ich hatte keine Ahnung, wie ich nach Thailand kommen sollte, aber was soll's. Ich hatte über einen Monat

Zeit, das herauszubekommen. Also scrollte ich nach unten und sah den kleinen Button zur Buchungsbestätigung.

Bevor ich etwas drücken konnte, vibrierte mein Handy und eine Box verdeckte den Bestätigungsknopf.

Ich bin da und stehe unten. Der Sicherheitsmann lässt mich nicht rein, stand dort in einer WeChat-Nachricht von Aleksandra. Die Popup-Nachricht verschwand wieder und die unvollendete Buchung sprang erneut in den Vordergrund. *Aleksandra* ... Sollte ich wirklich buchen oder lieber warten, ob ich mit ihr zusammen verreisen konnte?

Plötzlich schüttelte es mich vor Lachen. *Ach Tobi*, dachte ich mir. *Du bist wirklich ein romantischer Idiot, aber es gibt Grenzen.* Kurzerhand klickte ich auf *Buchen* und mein Rückflug war fix. Aber bis zu meiner Abreise hatte ich noch ein wenig Zeit.

Hektisch und mit Vorfreude erfüllt sprang ich vom Bett. Ich stolperte und schlug schmerzhaft auf dem Boden auf. Eilig lief ich zur Tür, dann stoppte ich plötzlich. Ich hechtete zurück zum Schreibtisch, fuhr das Computerspiel herunter und klappte den Laptop zu. Den würde ich heute nicht mehr brauchen.

Kapitel 32

Ein wenig Natur

Samstag, 28. Juni 2014. Bing Yu Tal, China.

Die Frau mit der Fahne hob ihr Mikrofon. Ihre Stimme wurde durch den kleinen Lautsprecher verzerrt und ich stellte mir vor, es würde eine kleine Sprechblase mit winzigen Schriftzeichen über ihrem Kopf erscheinen: 大家好，热烈欢迎大家加入我们。 请跟我走!

Alle Chinesen um sie herum schnatterten zustimmend im Chor. Die anwesenden Damen trugen Sonnenhüte und einige hatten Armstulpen übergezogen, um ihre Haut vor den gefährlich bräunenden Sonnenstrahlen zu schützen. Der Großteil der Gruppe hatte außerdem Regenschirme aufgeklappt, nur dass man sie hier als Sonnenschirme benutzte. Einige rigorose Sonnenverweigerer zogen bisweilen sogar Masken auf, um ihr Gesicht zu schützen. Doch dieser Anblick blieb mir heute erspart.

Nun legte unser Tour-Guide plötzlich einen Start hin, auf den ein 100-Meter-Sprinter neidisch gewesen wäre. Wir beeilten uns, ihr im Eiltempo durch das wunderschöne Paradies zu folgen.

Ich schaute mich um und erblickte baumbehangene Berge, die ein idyllisches Tal umschlossen. Ein Fluss schlängelte sich dort unten entlang. Ich genoss die Aussicht im Bing Yu Naturschutzgebiet und sog die frische Luft in mich auf. Endlich war ich abseits vom chaotischen Treiben der Städte, da prallte ich auch schon mit meinem Vordermann zusammen, der auf einmal stehen geblieben war. Ich sah über die mich umkreisenden Köpfe hinweg. Vor mir wehte der Wimpel im Wind. Die Tour hatte einen interessanten Standort erreicht, was die Fahnenfrau uns nun erklärte.

„看那块石头， 很像一只乌龟， 对不对?"

Zeitgleiches Nicken der Teilnehmer und zustimmendes Gemurmel. Alles war auf Chinesisch und um uns herum waren auch nur Chinesen. Eilig übersetzte Allan für uns einige Sätze. Er sagte, die Frau spreche von dem Stein vor uns, der wie eine Schildkröte aussähe. Ich blickte den Stein an. Für mich sah er aus wie ein Stein. Ein runder Stein, okay, aber eindeutig nicht mehr. Schließlich kniete ich mich hin und betrachtete ihn näher, denn ich erwartete einen tieferen Sinn. Ich hatte mich zwar immer für kreativ gehalten, doch konnte ich keine Schildkröte entdecken. Jemand zupfte mich am Ärmel. Es war Allan. Er zeigte auf den Weg vor uns, wo sich unsere Gruppe nun bereits im Eilschritt fortbewegt hatte. Ich fluchte kurz und dann rannten wir durch das wunderschöne Tal hinterher.

Ich fragte mich, warum die Chinesen sich so beeilten und die wunderschöne Umgebung nicht einfach genossen. Die Antwort war so simpel wie erschreckend und betraf zweierlei Gründe.

Erstens: Sie hatten keine Zeit. Chinesische Staatsbedienstete hatten nach absolvierten Dienstjahren gestaffelte Urlaubstage. Arbeitete jemand seit weniger als zehn Jahren für den Staat, hatte er ein Anrecht auf sieben Urlaubstage im Jahr. Bis zwanzig Jahre Dienstzeit? Zehn Urlaubstage. Über zwanzig Jahre Dienstzeit? Fünfzehn Urlaubstage. Da musste man für seine Freizeit ganz schön lange arbeiten. Privatfirmen hatten ihre ganz eigenen Regelungen. Wenn ein Chinese zehn Tage im Jahr frei hatte, durfte er sich freuen.

Und zweitens: Der Chinese musste den äußeren Schein wahren. Durch die aufstrebende Mittelschicht und die dadurch neuen Möglichkeiten wollte man nichts verpassen und – viel wichtiger – der Familie und den Freunden sein schönes Leben zeigen. Fotos waren dabei das wichtigste

Beweismittel, aber auch von Reisen mitgebrachte Konsumgüter waren eine Möglichkeit. Hauptsache man bewies, wie viel man sich leisten konnte.

Kein Wunder also, dass die Gruppe hier so durchhetzte. Die wollten in ihrem Urlaub einfach so viel wie möglich fotografieren.

Als wir die Leute wieder eingeholt hatten, erblickte ich ein neues Objekt der allgemeinen Begierde. Es war ein Stein. Natürlich. Länglich in seiner Form und mit Moos bewachsen. Diesmal war es ein im Flug herabstürzender Adler. Für mich sah es wie etwas aus, was sich normalerweise in meiner Küche befand: Ein unförmiges, von einem grünen Pelz überzogenes Etwas, das seit Jahren herumlag und keinen mehr interessierte.

Und schon wippte das Fähnchen weiter den Weg entlang, von der Führerin an der Stange in Position gehalten. Die Chinesen folgten wie brave Entenkinder der Mutter, egal was sie für einen Weg einschlug.

Solch ein Phänomen hatte ich während meiner Zeit in China nicht nur bei Touristengruppen beobachtet. Auch im Alltag und insbesondere in der Politik folgte der Durchschnittschinese scheinbar widerspruchslos seinen Führern. Wenn ein Bürger doch mal aus der Reihe tanzte, tat er es in der Regel im Geheimen. Denn Chinesen machten nichts lieber, als zu tratschen. Dabei waren relevante Fakten zweitrangig, Hauptsache, die erzählte Geschichte klang gut. Wenn man aufgrund der Gerüchte dann von seinen Mitmenschen ignoriert wurde, konnte das fatale Folgen haben. Denn in China kam man ohne Freunde und Familie nicht weit. Wobei man selbst eigentlich immer an letzter Stelle stand. Für seine Liebsten da zu sein, spielte in China die größte Rolle.

Die Chinesen handelten eigentlich genau nach dem, was Adam Smith im 18. Jahrhundert bereits vorgeschlagen hatte: „Nicht die Gerechtigkeit bringe eine Gesellschaft wirtschaftlich wie moralisch voran, sondern der Egoismus. Unser Essen erwarten wir nicht von der Menschenfreundlichkeit des Metzgers, sondern davon, dass er seine Interessen wahrnimmt."

Wie aus dem Nichts führte uns die Reiseleiterin in einen Freizeitpark. *Wie seltsam und doch wenig überraschend*, dachte ich. Da habt ihr Flüsse, Berge, Täler und Wälder vor der Nase, aber ihr errichtet mittendrin Achterbahnen und Imbissbuden. War es im Tal zuvor noch vergleichsweise idyllisch gewesen, tummelten sich hier die Menschen.

Dann teilte sich unsere Gruppe auf. Eigentlich war die Tour als „All-Inclusive"-Urlaub beworben worden, doch nun wurde uns kaltblütig kapitalistisch die Chance gewährt, Zusatztickets zu erwerben: Bustickets, Achterbahnfahrten und Bootstouren. Wir drei waren die Einzigen, die nichts erwarben. Die Führerin kam noch einmal mit trauriger Miene auf uns zu und sprach mit Allan.

Er übersetzte: „Der Fußweg durch das Tal ist viel zu weit, daher würde sie uns auf jeden Fall einen Bus empfehlen."

Wir verneinten und freuten uns sogar auf die lange Wanderschaft. Es fühlte sich erstaunlich deutsch an. In zwei Stunden sollten wir die Gruppe an einem bestimmten Parkplatz treffen, der angeblich sehr weit entfernt lag. Auf dem Weg überholten uns rasende Kleinbusse, die Massen an Chinesen im Eiltempo durch das wunderschöne Tal transportierten. Wir waren relativ einsam unter den Fußgängern, aber es gab dennoch welche. Einige hatten Wanderstöcke dabei und trugen sportliche Kleidung, damit sie die lange Wanderung problemlos überstanden. Also bereitete auch ich mich gedanklich auf einen langen Marsch vor.

Nach zwanzig Minuten erreichten wir das Ende des Tales und stießen auf den Parkplatz. Verwirrt fragte ich mich, wo der Weg geblieben war. Aber gut, wenn eine gewinnmaximierende Reiseleiterin auf busfahrende und nichtsahnende Touristen traf, konnte aus einem zwanzigminütigen Spaziergang gedanklich gerne eine zweistündige Wanderung werden. Und die wenigen Wandersleute erzählten natürlich gerne von ihrer langen Expedition, die sie aufgrund von herausragender Sportlichkeit in Bestzeit bewältigt hatten.

In China war alles möglich.

Kapitel 33
Liebe auf Russisch

Sonntag, 29. Juni 2014. Bing Yu Tal, China.

Ich zog mein Paddel ins Boot und schwitzte in der Sonne. Unser Kanu schwankte sacht auf dem glitzernden Fluss wie ein Hochhaus im Wind. Endlich hatte die Strömung nachgelassen und ich konnte mich ausruhen. Zuvor hatte ich gänzlich allein gegen die reißenden Wasserbewegungen ankämpfen müssen. Bernhard und Allan grinsten entspannt aus dem anderen Kanu herüber. Zu zweit hatten sie keine Mühe gehabt, ihr Boot gezielt zu manövrieren. Aleksandra saß wie eine Statue im Bug und tat ihr Bestes, um gut auszusehen. Ihr Paddel hatte sie auf mein Geheiß schon längst zur Seite gelegt, denn ihre ungeschickten Bewegungen hätten das Kanu beinahe zum Kentern gebracht.

Ich lehnte mich erschöpft zurück, schloss meine Augen und streckte gedankenverloren mein Gesicht in Richtung Sonne. In diesem Moment zweifelte ich, und das nicht zum ersten Mal, an meinem Frauengeschmack. Ich sehnte mich nach einer starken Frau an meiner Seite, die das klassische Rollenbild der schutzbedürftigen Herzdame durchbrach. Trotzdem saß ich hier mit einer Russin, die Kochen und den Haushalt als Frauensache empfand, körperliche Ertüchtigung und Karriere als Männersache und die somit unsere Beziehung mit klassischen Rollenbildern füllte. Wenn ich eines über russische Frauen gelernt hatte, dann war es, dass sie wie Königinnen behandelt werden wollten. Und das Sonderbarste dabei war: Es spornte mich an und ich fühlte mich zu dieser Frau hingezogen. Ich begann mich gar zu verlieben und war gleichzeitig von mir selber entsetzt. Ich zweifelte am Romantiker in mir. War Verliebtsein oder gar Liebe nun etwas Besonderes und Einzigartiges, oder doch nur ein Cocktail an Hormonen, den man bei vielen Menschen hervorzaubern konnte? War das zwischen Aleksandra und mir etwas Besonderes, oder doch nur meine Libido, die auf äußere Reize reagierte? Ich fühlte mich von mir selbst abgestoßen, denn es war bereits die zweite Person innerhalb kürzester Zeit, in die ich mich zu verlieben begann. *So war es doch nicht richtig! Oder?*

Plötzlich wackelte das Kanu, Wasser schwappte über meine Hose, etwas stupste mich an und ich öffnete erschrocken die Augen. Aleksandra kniete über mir, hielt sich panisch am Bootsrand fest und drehte sich langsam um die eigene Achse. Dann fand sie endlich ihr Gleichgewicht wieder, legte sich im engen Raum hin und kuschelte sich in meine Arme. Verschiedenste Hormone kitzelten meine Blutbahn und ein kleines Feuerwerk entfachte sich in meinem Körper. Ich schloss diese wunderbare Frau in meine Arme, ignorierte mein schlechtes Gewissen für den Moment und genoss das Gefühl der Geborgenheit.

Eine knappe Stunde später beugte ich mich vornüber, legte meine Ellenbogen auf meine Oberschenkel und streckte meinen Hintern in die Höhe. Sonnenstrahlen erkundeten Gebiete, die ansonsten im Schatten dieser Erde wandelten.

„Dein Arsch ist ja ganz nass!", rief Bernhard und lachte. Er saß auf der Bank der Haltestelle, wo wir auf den Bus für unsere Rückfahrt warteten.

„Du bist ja nur neidisch auf meinen hübschen Hintern", erwiderte ich grinsend und schob sogleich mein Prachtstück in Richtung seines Gesichts. Zum Glück hatten wir die Paddel bereits abgegeben, denn die bereits schockierten Chinesen um uns herum hätten ein öffentliches Spanking sicherlich nicht ausgehalten.

Ich richtete mich wieder auf und gesellte mich mit dem Gesicht voran zu meinen Gefährten. Es tat gut, wieder etwas mit Bernhard zu unternehmen. In den ersten Wochen war er für mich eine Art Konstante im chaotischen Wirbel der fremden Kultur gewesen. Im daraufhin eingeschlichenen Alltag hatten sich unsere Wege voneinander weg dirigiert und deswegen war es umso schöner, wieder gemeinsam unterwegs zu sein.

„Wisst ihr, Leute", sagte ich zu Allan, Bernhard und Aleksandra, „ich kenne euch alle unterschiedlich lange und doch ist mir jeder von euch ans Herz gewachsen."

„Allan", fuhr ich zum großen Chinesen gewandt fort, „durch dich habe ich so viel über China gelernt, weil du die Unterschiede zur europäischen Kultur so gut verstehst. Du bist ein wunderbarer Mensch."

Ich tat einen Schritt nach vorne und umarmte ihn herzlich. Zunächst war er überrascht, doch dann beantwortete er meine Geste mit einem festen Drücken. Wie sagte man? *Eine kraftvolle Umarmung fügt zerbrochene Teile zusammen.* Und so fühlte ich mit dieser Freundschaft trotz aller Widrigkeiten eine Brücke zwischen China und Deutschland.

„Gruppenkuscheln!", rief Bernhard und gesellte sich dazu. Wir schwankten etwas von der niederreißenden Herzlichkeit. Aleksandra stand ratlos neben uns.

„Ach, komm schon!", lud ich Aleksandra ein.

Schüchtern trat sie vor und kuschelte sich sachte an mich. Ich umfasste sie liebevoll mit einem Arm, während Bernhard, Allan und ich uns in freundschaftlicher Umarmung umschlossen. Ich grinste, denn die Chinesen um uns herum glotzten nun völlig verwirrt. Wenn sie mein vorhergehendes Verhalten schon seltsam fanden, konnten sie mit dieser öffentlichen Umarmung gar nichts anfangen. Mir war es egal. Dieser Moment war etwas Schönes, etwas Intimes, das ich in der Schatzkammer meiner Erinnerungen aufbewahren würde. Entgegen aller Schwierigkeiten in meinem Auslandssemester hatte ich Freundschaften geschlossen, Gefühle des Verliebtseins erforscht, kulturelle Widrigkeiten überwunden und wundersame Erfahrungen gemacht. In diesem Moment war ich einfach nur glücklich.

Kapitel 34

Der letzte Tag

Dienstag, 8. Juli 2014. Peking, China.

Ich schaute müde auf die Uhr: Es war 6.30 Uhr. Ich hatte mir für heute etwas Besonderes überlegt, denn es war mein letzter Tag in China. So hatte ich einen Kurztrip gebucht und saß mit zwei mir fremden Neuseeländerinnen in einem Shuttlebus auf dem Weg zur Chinesischen Mauer. Ich fläzte mich verträumt auf der Rückbank und sinnierte über meinen wie im Flug vergangenen Abschied aus Dalian.

Zunächst war es eine Herausforderung gewesen, mein Gepäck auf Rucksackgröße schrumpfen zu lassen. Im Laufe der Zeit hatte sich einiges angesammelt und so musste ich am Ende ein großes, 13 kg schweres Paket per Schiff nach Deutschland verschicken. Trotzdem waren noch viele Dinge übrig geblieben. Eigentlich hatte ich dem Nachmieter meines Zimmers einiges überlassen wollen, um die fehlende Einrichtung wettzumachen: Matratzenmatten, eine Decke, Bettwäsche, Kissen, Kleiderbügel, ein Glas, eine Tasse, meinen alten Koffer und weitere Dinge. Aber schließlich war mein Zimmer genauso kahl wie bei meiner Ankunft. Der Sicherheitsmann unseres Gebäudes hatte vor meiner Tür darauf gewartet, und nachdem ich meinen Rucksack geschultert und den Raum verlassen hatte, war er hineingegangen und hatte alles, was nicht niet- und nagelfest war, an sich genommen. Er sagte mir, er würde die Dinge weiterverkaufen, um sich etwas dazuzuverdienen. Es war typisch chinesisch, aber ich gönnte es ihm ein wenig, da er sicherlich extrem schlecht bezahlt wurde. Auf jeden Fall hatte er bis über beide Ohrläppchen gestrahlt, als er mein Zimmer mit einem großen Sack verlassen hatte. So hatte sich mein anfängliches Mysterium der kargen Einrichtung schlussendlich auch geklärt.

Mein Abschied von der Uni war noch recht stressig gewesen. Nachdem ich drei Tage Klausuren auf und über Chinesisch geschrieben und dazu noch eine mündliche Chinesisch-Prüfung abgelegt hatte, wurden alle internationalen Studierenden zum Abschied zusammengetrommelt. In typisch chinesischer Manier wurden uns die Informationen zur Abschiedszeremonie mitgeteilt: *Wo? Keine Ahnung. Wann? Irgendwann Freitag. Was? Noch nicht festgelegt, aber es gäbe ganz sicher Abschiedsfotos.* So kam es, dass uns spontan am gleichen Tag gesagt wurde, wir sollten uns um 17 Uhr am Südtor einfinden. Dort angekommen wurde in einem Saal ein riesiges Dinner aufgetischt, was mich positiv überraschte. Später gab es langwierige Reden und es wurden Fotos für die Universitätshomepage geknipst. Die größte Überraschung des Tages kam in Gestalt der Marokkanerin. Ich hatte sie seit Monaten nicht gesehen. Das letzte Mal hatte sie mich auf die Drogenparty eingeladen. Sie sah ziemlich müde aus, aber immerhin war sie am Leben und nicht des Landes verwiesen worden, obwohl sie permanent den Unterricht geschwänzt hatte. Sie erzählte uns, dass sie recht viel gefeiert hätte. So wie sie aussah, war nicht nur Alkohol im Spiel gewesen. Mir lief ein Schauer den Körper hinab. Insbesondere, da die Strafen für Drogenkonsum in China außerordentlich tödlich waren.

Zum Abschluss wurden uns auf der Feier unsere Ergebnisse der Chinesisch-Prüfungen überreicht. Meine Resultate waren ganz passabel, im Schnitt hatte ich 73 % geschafft. Mein Hör- und Sprachverständnis war mit 85 % sogar überdurchschnittlich gut. Natürlich mangelte es mir aufgrund meines Desinteresses für das Fach an Lese- und Schreibfähigkeiten. Meine 60 % in diesem Fach waren dafür also gar nicht so schlecht. Kurz wunderte ich mich, wie es meinen Kommilitonen in den Wirtschaftskursen ergangen war. Ich war seit Wochen nicht mehr dort gewesen und bis zum Ende hatte mich niemand mehr darauf angesprochen. Später hatte ich Bernhard dazu gefragt. Er war zwar für einige Zeit selbst nicht in den Kursen gewesen, nichtsdestotrotz hatte er alle Wirtschaftsklausuren mitgeschrieben und bestanden. Er sagte, wir würden ein Zeugnis der bestandenen Klausuren nach Deutschland zugeschickt bekommen. Meines würde nicht allzu üppig ausfallen. Aber da mir in Deutschland sowieso nur noch die Masterarbeit fehlte und mein Auslandssemester komplett freiwillig gewesen war, war mir das egal.

Nach der Zeremonie hatten sich die Franzosen und Bernhard noch ein letztes Mal mit billigem Whisky betrunken. Ich hatte darauf keine Lust gehabt und war stattdessen nach Downtown gefahren, um mich von Aleksandra zu verabschieden. Sie hatte verloren auf dem riesigen Platz vor dem Bahnhof gestanden. Kaum hatte ich sie erreicht, gestand sie mir ihre Liebe und weinte laut schluchzend. Es war ein schreckliches Gefühl und mir zerbrach das Herz bei ihrem Anblick, mein ganzer Körper kribbelte vor Erregung und Trauer. Ich nahm sie fest in den Arm und sie schmiegte sich an mich. Plötzlich hatte sie sich losgerissen, mir einen Brief in die Hand gedrückt und war davongerannt. Wo sie mich zuvor berührt hatte, brannte meine Haut und nun liefen auch mir Tränen über das Gesicht. Ich öffnete den Umschlag und las den herzergreifendsten Liebesbrief, den ich jemals bekommen hatte:

Tobi,

ich weiß, wie dumm es ist. Du hast von Anfang an gesagt, dass wir uns nur für eine kurze Zeit sehen können, und doch schien es mir wie eine Ewigkeit. Eine Ewigkeit, die nun vorbei ist. Am liebsten würde ich dich und dein ganzes Wesen verfluchen, so wie du mich mit deinem Zauber verflucht hast, doch ich kann es nicht. Mein Körper vibriert, wenn ich dich sehe; meine Seele erzittert, wenn du mich berührst; mein Geist lebt in einem Kos-

mos, in dem nur wir beide existieren: Halb falle ich, halb fängst du mich.

Es ist das dumme Mädchen, das in mir spricht, wenn ich sage: Ich liebe dich.

Es ist die heranwachsende Frau, die in mir spricht, wenn ich sage: Wir sehen uns bestimmt bald wieder.

Es ist die Wahrheit, die in mir klingt, wenn ich erkenne: Das war es nun.

Mach es gut
deine Sasha

Während ich auf dem Bahnhofsvorplatz stand und die Menschenmenge um mich herum ihrem Treiben nachging, ergriff es mir das Herz, als ich den Brief wieder und wieder las. „Halb falle ich, halb fängst du mich", murmelte ich. Hatte die kleine Sasha für diesen Liebesbrief Goethe recherchiert, wie er die Ballade des Fischers, der von der Nixe ins Wasser gelockt wurde, beendete?

Sie sprach zu ihm, sie sang zu ihm;
Da war's um ihn geschehn;
Halb zog sie ihn, halb sank er hin
Und ward nicht mehr gesehn.

Hatte ich die Tiefgründigkeit dieser jungen Frau aus Nowosibirsk vielleicht doch unterschätzt?

Dann war das Semester auch schon vorbei gewesen. Bernhard reiste mit seinem Koffer auf direktem Weg nach Deutschland, mich hingegen zog es weiter und nun saß ich an meinem letzten Tag in einem kleinen Shuttlebus auf dem Weg zur Chinesischen Mauer. Um 17 Uhr sollte ich bereits wieder in Peking sein, denn später am Abend ging mein Flug nach Vietnam. Das war mein Zwischenziel, bevor es weiter bis nach Bangkok gehen sollte. Wie genau meine Reise aussehen würde, wusste ich nicht. Daher war ich umso gespannter, was in dieser Zeit auf mich zukommen mochte.

Doch noch hatte ich einen Tag in China vor mir. Meinen letzten. Ich wollte unbedingt die Chinesische Mauer sehen, deshalb hatte ich diesen Tagestrip gebucht. Es war zeitlich zwar sehr knapp, doch was sollte schon schiefgehen? Es war ja nicht so, als hätte ich in den letzten paar Monaten etwas über die Machbarkeit von Plänen in China gelernt.

Der Shuttlebus hielt an und der Fahrer sagte, wir wären da. Ich schaute auf die Uhr: 6.53 Uhr. Die Fahrt sollte eigentlich knapp zwei Stunden dauern. Ich blickte aus dem Fenster. Wir parkten vor einem Hotelkomplex.

„Das sieht nicht wie die Chinesische Mauer aus", sagte ich auf Englisch zum Fahrer. Der blickte mich verständnislos an. Entgegen der Aussage des Reisebüros sprach unser Fahrer kein Englisch. Er antwortete auf Chinesisch. Mittlerweile verstand ich es ausreichend gut, sodass ich den Sinn seiner Worte erfassen konnte. Wir sollten im Hotel warten. In ein paar Minuten würde uns ein anderer Fahrer abholen, der uns dann zur Mauer bringen würde.

Die beiden Neuseeländerinnen und ich stiegen aus und der Bus fuhr davon. Uns blieb nichts anderes übrig, als in der Lobby zu warten. Es war ein luxuriöses Foyer mit marmoriertem Steinboden. Es gab plüschige Sitzecken. In einer davon saßen zwei junge Frauen und ein Mann, die anscheinend ebenfalls warteten. Wir setzten uns in die Nische daneben und machten es uns gemütlich. Zu meiner großen Überraschung mussten wir nicht lange warten, denn kurze Zeit später näherte sich uns jemand. Natürlich sprach er uns auf Chinesisch an.

Er fragte, ob wir die Leute seien, die zur Chinesischen Mauer wollten. Wir bejahten. Er stellt sich uns als „Bruce" vor und führte uns stolz zu seinem Auto. Ein edler 6-Sitzer mit exquisitem Interieur, kleinen Fernsehern in den Rückseitenseiten der Kopfstützen, einem Kühlschrank und Dolby Surround System. Wow, so viel Luxus hatte ich gar nicht erwartet. Wir drei stiegen ein und fuhren los.

Bis 8 Uhr verlief die Fahrt ereignislos, dann bekam Bruce einen Anruf. Er schien verwirrt zu sein und sprach vehement in sein Handy. Ich verstand kaum etwas, hatte jedoch eine böse Vorahnung. Nach dem Telefonat wandte er sich uns zu. Wir seien doch die Leute, die einen Fahrer bestellt hätten? Die Kosten beliefen sich auf 600 Yuan, nur für die Fahrt. Wir hatten jedoch im Reisebüro bereits 220 Yuan pro Person für den gesamten Trip bezahlt und waren entsprechend verwirrt. Dann gab Bruce seinen Fehler zu: Er hatte die falschen Leute eingesammelt. Er hätte zwei Frauen und einen Mann im Foyer einsammeln sollen. Ich dachte an die Leute in der Sitznische neben uns schlug mir ungläubig mit der flachen Hand gegen mein Gesicht.

Bruce fragte uns, ob wir bereit wären, das Geld trotzdem zu bezahlen, dann könnte er uns problemlos zur Mauer fahren. Wir verneinten. Er rief freundlicherweise noch bei unserem Reisebüro an, die konnten aber nicht helfen, da sie die Telefonnummer unseres richtigen Fahrers nicht hatten. Dann fuhr Bruce uns kurzerhand zum Ausgangspunkt zurück, also dem uns völlig fremden Hotel. Dort bat er uns freundlich, aber vehement darum, aus seinem Fahrzeug auszusteigen.

Am Hotel war von unserem richtigen Fahrer keine Spur – die ganze Aktion hatte immerhin über zwei Stunden gedauert. Mangels Alternativen fragten wir uns zur nächsten Metrostation durch, da wir uns um die Rückfahrt zum Reisebüro selbst kümmern mussten. Dort kamen wir recht entnervt gegen 10 Uhr an. Die Leute wussten bereits Bescheid, da unser richtiger Fahrer ihnen in der Zwischenzeit telefonisch mitgeteilt hatte, dass wir nicht am Treffpunkt gewesen seien.Völlig entnervt verlangte ich mein Geld zurück. Nichts da, antwortete die Mitarbeiterin, es sei ja schließlich mein Fehler gewesen und die Tickets waren schon bezahlt. Zum nächsten Tag verlegen ginge natürlich. Die beiden Neuseeländerinnen nahmen das Angebot an, für mich war es leider unmöglich. Ich sagte, die sollen die Dinger einfach dem nächsten Kunden geben, es könne so schwierig ja nicht sein. Ihr stichhaltiges Argument: Es gäbe nicht so viele Kunden, da könnten sie nicht sicher sein, ob denn überhaupt noch jemand käme.

Wohlgemerkt fand die gesamte Konversation auf Chinesisch statt. Und so übte ich mich in einer weiteren chinesischen Kunst: dem wütenden Beschweren, um meinen Standpunkt lautstark durchzusetzen. Kurzum, ich machte die Mitarbeiterin im China-Style zur Sau. Meine Sprachkenntnisse reichten dafür, dass ich ganze 50 % des Geldes erstattet bekam. Man kann sagen, ich platzte beinahe vor Stolz, denn schlussendlich hatte ich mich sprachlich wie kulturell zumindest halbwegs anpassen können.

Nun hatte ich noch reichlich Zeit, bevor ich zum Flughafen musste. So kam es, dass ich trotz fehlender Besichtigung jenes sich schlängelnden Verteidigungswalls doch noch einen schönen Tag hatte. Gemeinsam mit den Neuseeländerinnen habe ich den Sommerpalast besichtigt und mir den Tempel des Himmels angeschaut. Ich könnte euch noch ausführlicher von Peking berichten, aber ich war nur einen Tag da und habe dementsprechend so viel Ahnung von der Stadt wie ein deutscher Pizzabäcker vom indischen Bürokratiesystem.

Nun, an meinem letzten Tag in China war es so weit: Mich hatte das Gelbfieber gepackt – ich wollte das Land verlassen. Es gab viele Menschen, die sich in China und seine Leute verliebten und dortbleiben wollten.

Doch ich, ich hatte erst einmal genug von diesem Land und freute mich auf weitere Abenteuer in anderen Gefilden.

Epilog

Gegenwart. Irgendwo in Deutschland.

Ich klappe das Buch zu und lege es zur Seite. Mein Blick klebt für kurze Zeit auf meinen leeren Händen. Dann wandern meine Augen nach oben und ich nehme das erste Mal seit Stunden den Raum mich herum wahr. Annika und Peter sitzen noch immer geduldig vor mir auf der Couch.

„Wisst ihr, ich habe vor Kurzem ein Gespräch mit einem befreundeten Chinesen geführt. Ich habe ihn erst nach meinem Aufenthalt in China kennengelernt. Es war auf einer Reise nach San Francisco und Yu war mein Couchsurfing-Host. Ein paar Monate später hat er mich in Deutschland besucht."

Ich lächle, räuspere mich und nehme einen Schluck Wasser aus der fast leeren Flasche vor mir.

„Das ist zwar kein Teil meiner eigentlichen China-Reise, aber es hat mir sehr geholfen, meine Zeit dort zu verarbeiten."

Ich öffne eine Schublade und hole einen handgeschriebenen Zettel hervor.

„Ich habe das Gespräch gemäß meiner Erinnerung aufgeschrieben und würde es euch gerne vorlesen. Vielleicht hilft es euch, meine Erfahrungen in China aus einem anderen Blickwinkel zu betrachten. Immerhin haben dieses Land und seine Leute eine sehr komplexe Kultur und seien wir ehrlich: In einem halben Jahr kann man nur begrenzt viel verstehen."

Annika und Peter nicken erwartungsvoll. Also räuspere ich mich noch einmal und lese das letzte Stück meines Werkes vor:

Das Gespräch

„Was vermisst du an China?", fragte Yu.

„Nichts", antwortete ich wie aus der Pistole geschossen.

„Nichts?!" Yu schien überrascht.

„Na gut, vielleicht ein bisschen. Den Reiz der Fremde, die Weite des Landes und die günstigen Preise. Aber eigentlich bin ich ganz froh, das ganze Chaos hinter mir gelassen zu haben. Irgendwie bin ich im Grunde meines Herzens ziemlich deutsch."

„Und wieso schreibst du ein Buch über China?"

„Muss man etwas ausschließlich mögen, um darüber zu schreiben? Wäre alles Geschriebene dann nicht eine übertrieben positive Darstellung subjektiver Realitäten? Wo bliebe die Kritik? Wo blieben die negativen Erfahrungen?"

„Findest du China wirklich so schlimm? Interessiert es dich gar nicht, einmal zurückzukehren? Was ist zum Beispiel mit deiner chinesischen Freundin, Xuan?", fragte Yu.

„Angel?" Ich dachte nach. Yu war Chinese. Mit 27 Jahren war er nach San Francisco gezogen, um für Google zu arbeiten. Er kam aus der oberen Mittelschicht und war der einzige Sohn in einer aufstrebenden chinesischen Familie. Sein Fleiß und Intellekt hatten ihm einen Abschluss am Harvard-Äquivalent Chinas beschert. Kurzum: Ihm standen alle Möglichkeiten offen. Dennoch, oder vielleicht deswegen, hatte er China verlassen und lebte nun seit sechs Jahren in den USA.

„Angel ist mittlerweile auch in den USA, in New York. Ich habe vor Kurzem über Instagram mit ihr geschrieben. Sie hat ihr Biologiestudium aufgegeben und sich mit einem Designstudium und der anschließenden Selbstständigkeit ein neues Leben aufgebaut. Entgegen dem Wunsch ihrer Eltern. Ihr Interesse an fremden Kulturen scheint sie nie losgelassen zu haben. Irgendwie bin ich stolz auf sie."

Ich lächelte kurz, dann fuhr ich fort:

„Um deine andere Frage zu beantworten: Ich war letztes Jahr kurz in China, in Chengdu. Es war ein Zwischenstopp auf dem Rückflug eines Japanurlaubs. Ich hatte Yuta und Yuki besucht, die ich in Dalian kennengelernt hatte. Es war ein sehr schöner Urlaub in Japan und der kurze Aufenthalt in Chengdu hat mir ziemlich gut gefallen. Aber in China für eine längere Zeit wohnen? Nein, das möchte ich nicht mehr. Was ist denn mit dir? Wieso kehrst du nicht nach China zurück? Vermisst du nichts?"

Yu lachte kurz auf. „Natürlich vermisse ich Dinge. In China ist vieles einfacher. Wenn dir etwas nicht passt, gehst du zum Mann deines Vertrauens. Du steckst ihm einfach ein paar Geldscheine in die Tasche und das Unmögliche wird möglich."

„Ernsthaft? Das vermisst du?", fragte ich verwundert. „Aber findest du das nicht total unmoralisch? Was ist mit den Leuten, die nicht genug Geld haben?"

Yu zuckte mit den Schultern. „Ich habe Geld, wieso sollte ich das nicht benutzen? Wenn jemand in China einen Flughafen bauen will, der Bauplatz aber von sturen Anwohnern blockiert wird, reißt der chinesische Bauherr kurzerhand die Wohnungen ein. Die Anwohner werden schon gehen, wenn ihre Schlafzimmerwand fehlt. Von da an dauert es nur kurze Zeit und der Flughafen wird fertig gebaut. Das bringt Tourismus ins Land, erhöht die Wirtschaftsleistung. Die Gegend floriert und entwickelt sich rasant. In jedem anderen Land gäbe es Schwierigkeiten. Berliner Flughafen", hustet Yu das letzte Wort hinaus und räuspert sich gespielt. Er fährt grinsend fort: „Woanders würde der Flughafen nie gebaut werden und die Gegend bliebe so, wie sie ist. Diesen Unterschied vermisse ich an China."

„Die Rücksichtslosigkeit?", fragte ich.

„Den Fortschritt", antwortete Yu.

„Was ist mit deiner Familie?", fragte ich weiter.

Yu zögerte. Er schien ungern über seine Familie zu sprechen. „Meine Eltern sind stolz auf mich."

„Ich meine, vermisst du deine Eltern nicht?"

Yu blickte mich über den Tisch hinweg an. „Weißt du, meine Eltern haben keine Ahnung, dass ich gerade in Deutschland bin. Ich schreibe ihnen Nachrichten gemäß der kalifornischen Zeitzone."

„Was? Warum?", fragte ich überrascht.

„China ist ein Land der Giant Babies."

Ich lachte.

„Nein, ehrlich", fuhr Yu fort. „Es gibt sogar ein Buch darüber. The Country of Giant Babies. Aber es ist in China auf der schwarzen Liste gelandet."

Ich nickte. Die meisten kritischen oder auch nur entfernt frei denkenden Bücher wurden in China zensiert, ebenso wie ja auch 80 % des Internets.

„Aus welchen Gründen auch immer, aber unsere Eltern bemuttern uns, als wären wir Kleinkinder. Aber das beruht auf Gegenseitigkeit. Wir Kinder verhalten uns entsprechend. Ich meine, ich war früher einmal auf einer Europareise mit meinen Eltern. Als wir am Eiffelturm waren, habe ich in aller Öffentlichkeit geheult, weil sie mir keinen Magneten als Andenken kaufen wollten."

„Und?", fragte ich.

„Ich war 21 Jahre alt!", rief Yu aus. „Und ich habe geheult wie ein kleines Baby! Nun bin ich 33, ich arbeite seit sechs Jahren bei Google, jeder weiß, wie gut man dort verdient, und meine Eltern schicken mir immer noch Geld."

„Was hat das mit deinen Lügen ihnen gegenüber zu tun?", fragte ich.

„Alles. Nichts. Ich weiß nicht. China ist ein Land der Lügen. Wir können einfach nicht anders. Wir haben nie gelernt, mit unseren Emotionen umzugehen. Wir werden vom Staat kontrolliert, von unseren Eltern, Lehrern, von allen. Trotzdem haben wir eine Kultur der Freundlichkeit. Wir wollen es den anderen immer recht machen. Wenn mich ein Freund fragt, ob ich ihn zum Flughafen fahre, mache ich das natürlich. Wenn ich es nicht tue, brauche ich einen guten Grund. Zur Not erfinde ich einen."

„Und warum belügst du deine Eltern?"

„Sie würden nicht verstehen, warum ich verreise. Ich habe einen guten Job, also muss ich arbeiten, um meinen Anteil zu leisten. Man verreist nicht einfach so. Um sie nicht zu verletzen, belüge ich sie."

„Würdest du denn wieder in China leben wollen?", fragte ich nun.

Yu überlegte.

„Ich weiß es nicht", sagte er schließlich. „Vielleicht habe ich schon zu lange woanders gelebt, um in China reinzupassen."

Wir schwiegen uns für eine Weile an, dann kam Yu eine Idee: „Du hast mir erzählt, deine Entscheidung nach China zu gehen, war sehr spontan", sagte er.

Ich lachte. „Ja, ich hatte nicht einmal einen Tag Zeit, um mich dafür oder dagegen zu entscheiden."

„Was denkst du: Wie wäre dein Leben verlaufen, wenn du dich anders entschieden hättest? Wenn du nicht nach China gegangen wärst?", fragte Yu.

„Das ist eine gute Frage", antwortete ich. „Sogar eine sehr gute. Vielleicht hätte ich dich nie kennengelernt. Vielleicht hätte ich niemals dieses Buch geschrieben. Sehr wahrscheinlich sogar. Vielleicht hätte ich andere Reisen gemacht und ein anderes Buch geschrieben. Wir werden es niemals herausfinden. Aber weißt du ..."

Ich überlegte kurz und beendete dann meinen Gedankengang: „Ich habe unglaublich viel gelernt und möchte die Erfahrung nicht missen."

Danksagung

Seit meinem Aufenthalt in China ist dieses Land durch Covid-19 noch einmal mehr das Zentrum unserer Aufmerksamkeit und der Ursprung einer weltweiten Pandemie geworden. All unsere Leben haben sich dadurch drastisch verändert und meine Gedanken sind bei den hierbei Betroffenen.

Davon abgesehen hoffe ich, dass ich mit diesem Buch ein paar Menschen gut unterhalten konnte und vielleicht kann sich der ein oder andere durch die Erzählung meiner persönlichen Erfahrungen nun ein bisschen besser in die uns so ferne, chinesische Welt und Kultur hineinversetzen.

Viele Menschen wollen aus verschiedenen Gründen nicht nach China reisen – mir erging es genauso. Ich bin dennoch froh, meine Reise gemacht zu haben – und noch viel glücklicher darüber, dass ihr diesen Weg mit mir gewagt habt.

Ich möchte mich bei all meinen Freunden und meiner Familie bedanken, die mich bei diesem Buchprojekt begleitet haben. Insbesondere Danke an Bine Kuhlbusch, Jennifer „Keksi" Wiegard, Lorenz Barkhausen und Martin Kissling für euren unermüdlichen Einsatz als TestleserInnen und als meine schärfsten KritikerInnen. Danke auch an Marius Hanke für das professionelle Lektorat. Ohne eure *Ach, Tobi's* wäre dieses Buch nicht das, was es nun ist und es würde viel mehr schlechte Witze beinhalten (ja, noch mehr! …).

Und zu guter Letzt: Danke an euch! Jede LeserIn ist für mich als freien Autor ein wunderbares Geschenk!

Bleibt gesund!
Euer Tobias

Über den Autor

Tobias auf dem Xing Hai Square in Dalian, China. Mai 2014

Tobias Engbring wurde 1988 in Wuppertal geboren, aber diese „Großstadt“ Deutschlands hat nicht ausgereicht, um seine weltliche Neugierde zu befriedigen. Somit ist er mit 16 Jahren für ein Jahr nach Chile gereist, um dort für ein Jahr zur Schule zu gehen. Seitdem lässt ihn das Reisen nicht mehr los. Europa, Australien, USA, Lateinamerika, sogar ein Freiwilliges soziales Jahr in Polen und später dieses verrückte Auslandssemester in China ...

Nach seinem Asienreisen hat Tobias begonnen, als Poetry Slammer seine philosophischen und interkulturellen Gedanken auf die Bühnen NRWs zu bringen und es sogar bis ins Finale der NRW-Meisterschaften und zu den deutschsprachigen Meisterschaften geschafft. Nun freut sich Tobias, dass er mit „Ich will nicht nach China“ sein Debüt als Buchautor geschafft hat.

Tobias wohnt mittlerweile im beschaulichen Bergisch Gladbach und arbeitet in Vollzeit als Wirtschaftschemiker, in Teilzeit als Familienmensch und in Halbzeit als Autor.

Printed in Poland
by Amazon Fulfillment
Poland Sp. z o.o., Wrocław

71752936R00132